ORIENTALISMO
EN EL MODERNISMO
HISPANOAMERICANO

Purdue Studies in Romance Literatures

Editorial Board

Floyd Merrell, Series Editor
Jeanette Beer
Paul B. Dixon

Benjamin Lawton
Howard Mancing
Allen G. Wood

Associate Editors

French
Paul Benhamou
Willard Bohn
Gerard J. Brault
Mary Ann Caws
Gérard Defaux
Milorad R. Margitić
Glyn P. Norton
Allan H. Pasco
Gerald Prince
David Lee Rubin
Roseann Runte
Ursula Tidd

Italian
Fiora A. Bassanese
Peter Carravetta
Franco Masciandaro
Anthony Julian Tamburri

Luso-Brazilian
Fred M. Clark
Marta Peixoto
Ricardo da Silveira Lobo Sternberg

Spanish and Spanish American
Maryellen Bieder
Catherine Connor
Ivy A. Corfis
Frederick A. de Armas
Edward Friedman
Charles Ganelin
David T. Gies
Roberto González Echevarría
Patricia Hart
David K. Herzberger
Emily Hicks
Djelal Kadir
Amy Kaminsky
Lucille Kerr
Alberto Moreiras
Randolph D. Pope
Francisco Ruiz Ramón
Elżbieta Skłodowska
Mario Valdés
Howard Young

 volume 27

ORIENTALISMO EN EL MODERNISMO HISPANOAMERICANO

Araceli Tinajero

Purdue University Press
West Lafayette, Indiana

Copyright ©2003 by Purdue University. All rights reserved.

07   06   05   04   03   5   4   3   2   1

∞ The paper used in this book meets the minimum requirements of
American National Standard for Information Sciences—Permanence of
Paper for Printed Library Materials, ANSI Z39.48-1992.

Printed in the United States of America
Design by Anita Noble

Library of Congress Cataloging-in-Publication Data
Tinajero, Araceli, 1962–
    Orientalismo en el modernismo hispanoamericano / by
Araceli Tinajero.
       p.   cm. — (Purdue studies in Romance literatures ; v. 27)
    Includes bibliographical references and index.
    ISBN 1-55753-326-1
    1. Spanish American literature—20th century—History and
criticism. 2. Modernism (Literature)—Latin America. 3. Orientalism
in literature. I. Title. II. Series.
PQ7081.T53 2004
860.9'112—dc21
                                                           2003003976

Índice

vii **Prólogo**
ix **Agradecimientos**
1 **Introducción**
6 **Capítulo uno**
   Orientalismo en el modernismo: algunas consideraciones críticas
32 **Capítulo dos**
   Fundación de un imaginario oriental: los viajeros modernistas
69 **Capítulo tres**
   "La muerte de la emperatriz de la China"
101 **Capítulo cuatro**
   Pintura y peregrinación en la poesía oriental modernista
138 **Epílogo**
145 **Notas**
158 **Bibliografía**
167 **Índice alfabético**

Prólogo

Durante mi niñez, a mediados de los años setenta, recuerdo que en una tapia que amurallaba un terreno baldío de la Avenida Reforma en la Ciudad de México, un artista pintó una superficie blanca y sobre ésta delineó rebanadas de sandía al lado de una minúscula inscripción que se leía así:

> ¡Del verano, roja y fría
> carcajada,
> rebanada
> de sandía![1]

En aquel entonces no sabía que se trataba de un poema a la manera de un *haiku* japonés escrito por el mexicano José Juan Tablada aunque sí, reconocía que aquella representación tricolor producía en mí una sensación refrescante y lúdica. En esos mismos tiempos me deleitaba todas las tardes al mirar un programa japonés doblado al español: "Señorita Cometa." Lo insólito de éste era la forma de vida de una familia moderna en Tokio la cual, a partir de mi mirada, no sólo vivía en un espacio relativamente pequeño sino que tenía costumbres fuera de mi imaginario cultural: entraba a la casa sin zapatos, utilizaba palillos como cubiertos, se arrodillaba alrededor de una mesilla para comer en platos de exquisita porcelana y los miembros de ésta hacían reverencias en los momentos más inesperados.

¿En realidad existirá un mundo tan diferente? me pregunté más de una docena de veces y eso es lo que me inclinó a ir y vivir en Japón por unos años. Un año después de mi llegada, el gobierno de Japón me pidió que participara en un evento cultural: "Feria de las Ciudades Hermanas." Para mi sorpresa, la Ciudad de México (así como Nanking y Los Angeles) y Nagoya —ciudad donde vivía— comparten lazos fraternales. Con motivo de esa ocasión, se exhibirían tanto artefactos como aspectos culturales mexicanos y de las demás entidades. Mi contribución sería explicar al público la materia y estética de ciertos artefactos, hablar de momentos históricos importantes y presentar grupos musicales que habían cruzado el Pacífico únicamente para ese evento. "Sería muy original presentarse a la Feria con un traje típico mexicano," pensé, e inmediatamente

Prólogo

pedí que me enviaran desde México, el traje de la "China Poblana." Lo que en aquel entonces no sabía es que ese atuendo había sido una creación mexicana inspirada parcialmente por diseños de China y la India.

Años después, caminando una tarde de una de las salas de exhibición del Museo Metropolitano de Nueva York, me encontré con un florero chino de principios del siglo XIX. Éste había sido un pedido que un aristócrata norteamericano le había hecho directamente a un alfarero chino. Lo más curioso de aquel artefacto es que el artista había dibujado a los héroes de Estados Unidos, firmando la Declaración de Independencia, con sus trajes americanos de la época pero todos tenían la cara asiática y sobre todos los ojos. En primer lugar, en ese momento me pregunté hasta qué punto uno define a otras personas de acuerdo a los rasgos y características propias y en segundo, allí mismo descubrí que la porcelana china había influenciado la americana (y la mexicana por extensión).

Poesía, representaciones de México y el Lejano Oriente, los viajes, los artefactos, mis estudios de las culturas orientales y del idioma japonés me inspiraron a emprender este estudio. Mi preocupación e intuición sobre la aproximación al Lejano Oriente como se manifiesta en diferentes presentaciones artísticas hispanoamericanas estuvo vigente durante varios años. Al comenzar mis estudios graduados, pronto me di cuenta que varios escritores latinoamericanos habían representado de una u otra forma al Lejano Oriente en diferentes géneros literarios. Sorprendida al ver que existían tan pocos estudios del tema sobre todo en el corpus modernista y, más que nada, fascinada por la escritura de los miembros del movimiento, comencé a estudiar aún con más profundidad. El presente trabajo son los frutos de esos años de investigación.

Agradecimientos

En primer lugar le doy las gracias a mi profesor y amigo, Gerard Aching de New York University por su generosidad y el apoyo que me ha brindado desde el día que comencé a escribir este libro. A mi distinguido colega, Roberto González Echevarría, le agradezco que se haya tomado el tiempo de revisar una y otra vez mi manuscrito. Sin duda alguna sus inestimables comentarios y sugerencias fueron siempre importantísimos. No sé cómo expresarle mi gratitud a Mary Gossy, mi profesora de Rutgers University, por lo que me ha enseñado y por haberme alentado a publicar este estudio. También estoy endeudada con Mary Lee Bretz de Rutgers y con Aníbal González Pérez de Penn State University por sus valiosos consejos.

Por su confianza, su respaldo y rigor académico, estoy fielmente agradecida con el personal de Purdue Studies in Romance Literatures pero sobre todo con Floyd F. Merrell, el director, y con Susan Y. Clawson, redactora de la edición.

Este estudio se publicó con la ayuda del Frederick W. Hilles Publication Fund de Yale University. Una versión más corta y muy diferente del capítulo 2 aparece como "Viajeros modernistas en Asia" en *Ciberletras* 4 (enero 2001) <http://www.lehman.cuny.edu/ciberletras/>.

Mis amigos, Alfredo Enríquez y Elizabeth D. de Enríquez, Judy Grasberg y James Wojtaszek saben cuán necesaria ha sido su honesta amistad. Sin la protección de Josefina Tinajero de López, Ángel López Santoyo y la Dra. Natividad López Tinajero nunca hubiera podido empezar este libro. Gracias siempre por alentarme a escribir sobre lo que en verdad creo. Finalmente, y con mi habitual parquedad, mi más profundo y sincero agradecimiento va para Stephen Pollard y Lizeth Y. López por haberme regalado el escritorio, por haberme concedido tiempo para estar sola y también por su extraordinaria compañía.

Introducción

En este libro analizo cómo se manifiesta el orientalismo en varios discursos modernistas hispanoamericanos. En el contexto de este estudio, por "orientalismo" me refiero a las fuentes y aproximaciones al Lejano Oriente en diversos géneros, relatos de viaje, cuentos, poesía, crónicas y ensayos. A propósito, he decidido enfocar mi estudio exclusivamente en el Lejano Oriente y en particular en China, Corea, India, Japón, Singapur, Sri Lanka y Vietnam no sólo porque se trata de una vasta región sino porque los textos de los que aquí me ocupo repetidamente hacen alusión a esos lugares. Por lo tanto, el "orientalismo" en este libro difiere radicalmente de aquél que Edward Said cuestiona en su *Orientalism* sobre las representaciones de los discursos anglo-franceses en el Medio Oriente.[1] A través de lecturas detenidas de varios textos modernistas, muestro en primer lugar, cómo son las representaciones de sujetos orientales en los relatos de viaje de aquella época finisecular. En segundo, indago cómo se construyen diferentes presentaciones elaboradas por escritores que no viajaron al Oriente y que se inspiraron únicamente en textos literarios, históricos, de arte, y en artefactos culturales como la pintura, la alfarería y la escultura. Este estudio gira en torno a textos escritos por los siguientes miembros del movimiento modernista: Arturo Ambrogi, Rubén Darío, Julián del Casal, Enrique Gómez Carrillo, Efrén Rebolledo, José Martí y José Juan Tablada. Ya que, de acuerdo a varios estudios críticos el modernismo hispanoamericano se sitúa aproximadamente de 1888 a 1916, mi análisis de textos tanto primarios como secundarios se concentra en producciones publicadas dentro de ese período.[2] Mi selección no es por enmarcar a éstos dentro de un marco temporal subjetivo como lo suelen sugerir fechas convencionales que "fijan la duración" de un movimiento literario sino porque el tema que me ocupa

Introducción

puede apreciarse en su pleno desarrollo en ese lapso de casi treinta años.

Para determinar cómo se produjo un imaginario oriental en aquella época finisecular, me concentro particularmente en dos aspectos: primero en la apreciación/contextualización de artefactos culturales en prosa y poesía; y, segundo, en diversas representaciones orientales que figuran en los relatos de viaje modernistas. Es de suma importancia rescatar las ideas que surgen a partir de un artefacto tomando en cuenta que, la presencia de un artefacto cultural, sus relaciones, contextos, su vitalidad, funciones y asociaciones, concretamente existen mientras éste simultáneamente participa en un espacio discursivo y textual. No hay objeto que exista apartado del mundo, separado de un contexto. La presencia o propiedades de éste son figuradas, catalogadas, imprimidas; su "eficiencia" o función es reproducida en textos; su forma es mostrada en exhibiciones; su belleza o fealdad, incluso su aura, siempre forma parte de un espacio dialógico y discursivo. Un artefacto inevitablemente radica dentro de cierto contexto. Con esto presente, lo que hay que plantearse es ¿en qué forma se presenta y se percibe el espacio textual donde figura un artefacto oriental, y, cuáles son las correspondencias simbólicas entre texto y contexto en torno a ese artefacto?

Dado que la representación física o textual de un objeto elucida una producción de significados y el proceso de transcodificación articula diferentes niveles de cierta realidad, lo que cuestiono son las diferentes fricciones que el lenguaje presenta al tratar de reconstruir un artefacto por medio de la palabra. Sin separarme del hecho que el lenguaje, ya sea visual y/o escrito (el signo), tiene una relación ambivalente en torno a su referente,[3] lo importante es descifrar el contexto de un artefacto, tomando en cuenta que éste actúa como un "agente" catalizador que reproduce un discurso específico. Es decir, ¿cuáles son los símbolos específicos de los que se vale ese discurso al "apropiarse" de un objeto oriental? O, ¿es que acaso existe una correspondencia, como el antropólogo y crítico del arte David Napier lo sugiere: "specific symbols are at the foundation of our capacity not only to 'imagine' the foreign, but to form an 'image' of and for ourselves, a correspondence, an absolute likeness, an identity"?[4]

Introducción

En torno a los relatos de viaje, hay que plantearse las siguientes preguntas. Sin embargo, antes de postularlas, es imperativo hacer mención a dos posturas teóricas, las cuales, en su lucha por descolonizar el saber, cuestionan las representaciones del discurso europeo sobre sujetos "marginales" —por ejemplo, un oriental o hispanoamericano. El monumental estudio de Edward Said, *Orientalism,* ha sido uno de los primeros en formular una crítica en contra del imperialismo europeo por haber creado una representación estereotípica y "errónea" de un "otro oriental." En *Imperial Eyes: Travel Writing and Transculturation,* Mary Louise Pratt no sólo critica la ideología "euroimperialista" que radica en el género de viaje y las relaciones "jerárquicas" que presenta del discurso europeo sino que elucida diferentes expresiones contestatarias que se crean a partir del "margen" o "periferia," siendo en este caso Latinoamérica uno de sus ejemplos. Si bien esos dos estudios no son los únicos que desmantelan el discurso hegemónico europeo, aquí dialogo con sus posturas críticas porque se relacionan directa o indirectamente con los temas que trato.[5]

Una de las preguntas más significativas que planteo en relación al relato de viaje modernista es: ¿cómo son las formas de representación que surgen de un discurso creado desde un "márgen" de la modernidad occidental en torno a otro "margen" (el Oriente)? Por esa misma línea, si a partir de los libros de viaje europeos tanto el Oriente como Hispanoamérica constituyeron el locus del "sujeto exótico," una pregunta aún más necesaria es: ¿cuál es la dinámica que surge del acercamiento de un "sujeto exótico" hacia otro "exótico"; y, a partir de la mirada modernista qué y quién es exótico?

Este estudio le debe mucho al *Orientalism* de Said aunque, como será evidente, mi punto de partida teórico no comparte la visión entera de su teoría sino que más bien la interroga. Al hacer esto, lejos de formular una crítica antagónica al mero fenómeno que Said juzga en su libro, lo que propongo es ofrecer una o más alternativas a partir de textos literarios y crítica enfáticamente hispanoamericanos.

En el primer capítulo examino y cuestiono lo concebido por la crítica literaria hispanoamericana. Esta exhumadora labor es ineludible aún tomando en cuenta que más que ningún otro movimiento literario hispanoamericano, el modernismo ha

Introducción

generado inagotables comentarios críticos.[6] Mi punto de partida comienza por asociar y/o disociar lo generado por esa crítica al cuestionar su posición ideológica respecto al lugar que ocupa el orientalismo hispanoamericano. Es decir, me concentro en interrogar por qué, hasta principios de los años ochenta, cuando se alude a los temas orientales modernistas se suele subrayar que son un reflejo de la tradición europea (afrancesados) y/o exóticos. De ahí paso a dialogar con trabajos más recientes que aunque no se enfocan en el *orientalismo* modernista específicamente, le han abierto camino al estudio de del movimiento desde una perspectiva teórica nueva e interdisciplinaria.

En el capítulo 2 me concentro en relatos de viaje: *Sensaciones del Japón y de la China* de Ambrogi; *De Marsella a Tokio* de Gómez Carrillo; *Nikko* de Rebolledo; así como una serie de crónicas recopilada en *En el país del sol* de Tablada. Como he observado antes, este género, quizás más que ningún otro, se presta a la valoración e interpretación de la mirada de un sujeto "periférico" de la modernidad occidental hacia otro "periférico." Por medio de un enfoque en los recursos retóricos de esos textos, indago hasta qué punto su discurso tiende a trascender diferencias geográficas, nacionales, raciales, religiosas y sociales. Asimismo, al concentrarme en la postura de los sujetos orientales (y extranjeros en Asia), examino si existen las oposiciones binarias que presentan los discursos europeos y su relación con sujetos "periféricos."

Ya que los artefactos orientales proliferan en la producción literaria modernista, en el capítulo 3 analizo la relación específica entre el uso estético de porcelana de la China y su valor cultural dentro del contexto hispanoamericano. Tomando como punto de partida una investigación interdisciplinaria, emprendo una lectura detenida del cuento "La muerte de la emperatriz de la China" de Darío. Mi análisis ofrece una lectura a dos niveles. El primero sugiere un acercamiento extratextual el cual trata de contextualizar los artefactos culturales orientales introducidos a América Latina por medio de una investigación histórica y antropológica. En el segundo me ocupo de la "apropiación" de los objetos "modernos" que el texto estratégicamente presenta así como la dinámica que ocurre entre los personajes y su aproximación al arte oriental. Como el cuento dariano no es el único que elucida ese tipo de representación, aunque mi argumento enfatiza que se trata de un texto fundador por su valor histórico y cultural, comparo "La muerte de la emperatriz de la China" con otros textos modernistas que giran en torno al mismo como lo son poemas de Martí y de Tablada así como algunas crónicas de Casal.

Representaciones pictóricas de la naturaleza a partir de cuadros, grabados y pergaminos también inspiraron la elaboración de prosa y poesía modernista. Tomando en cuenta que los artefactos pictóricos orientales fueron los catalizadores por medio de los cuales se interpretó el arte y se creó arte al mismo tiempo, en el capítulo 4 mi análisis gira en torno al fundamental ensayo *Hiroshigué: el pintor de la nieve y de la lluvia, de la noche y de la luna* de Tablada. Por medio de una comparación entre ese texto y composiciones poéticas escritas por Casal y Rebolledo, pongo especial atención al concepto de "peregrinación" ya que en el contexto de varios discursos se presenta un trayecto, una búsqueda de un ideal artístico, un anhelo de alcanzar lo sublime, un recorrido espiritual, así como un traslado —no necesariamente real o físico— hacia otro lugar. De esta manera, examino las instancias donde los textos tratan de interpretar, de darle sentido a la íntima relación que existe entre arte, naturaleza y religión oriental.[7]

Finalmente, debo decir que las representaciones modernistas del Lejano Oriente son nada menos que un eslabón con las producciones literarias e históricas latinoamericanas antes del modernismo. El punto de contacto con el pasado y el presente legado modernista nos invita a conocer mejor no solamente la literatura hispanoamericana sino a apreciar aún más el enlace cultural que se ha llevado a cabo entre Latinoamérica y el Lejano Oriente por varios siglos.

Capítulo uno

Orientalismo en el modernismo
Algunas consideraciones críticas

> *Ya te he dicho, y has leído, que*
> *el hombre debe ser en el mundo*
> *un cosmopolita o paisano de*
> *todos sus semejantes...*
> J. J. Fernández de Lizardi
> *El periquillo sarniento*

El modernismo hispanoamericano es un movimiento sincrético y polifacético que ha generado una serie de debates en la crítica. Hasta principios de los años setenta, algunos críticos enfatizaron que los miembros del movimiento fundaron una escritura escapista y "extranjerizante."[1] Desde los años ochenta el movimiento ha sido objeto de revisiones que subrayan su carácter universal, ecléctico y original.[2] En el modernismo hubo una búsqueda de nuevos senderos temáticos, siendo uno de éstos, la aproximación de los modernistas al Lejano Oriente. Tanto en la prosa como en la poesía, modernistas figuran múltiples temas orientales que fundan una relación específica entre el valor estético de artefactos orientales y el lugar de su estimación en discursos sobre las artes plásticas, la literatura, la religión y la historia del Oriente en aquel fin de siglo. Al leer diferentes géneros, libros de viaje, ensayos, crónicas, cuentos y poesía producidos por los modernistas, surgen una serie de interpretaciones/representaciones que merecen ser estudiados en detalle.

Hasta principios de los años setenta, lo poco que se escribió específicamente sobre la presencia del Oriente en el modernismo eran rápidas generalizaciones donde en primer lugar, se concluía que los miembros del movimiento representaron

Algunas consideraciones críticas

temas orientales "afrancesados" o "europeizantes." En segundo lugar, se planteaba que la temática orientalista era tanto "escapista" como "exótica." Se solía repetir que el orientalismo modernista era producto de una imitación servil o de un fenómeno de extraña rareza. En síntesis, una revisión de los análisis críticos demuestra que sus conclusiones giraban en torno a dos directrices: la imitación (afrancesada) y el exotismo (escapista).

Los tempranos estudios que condenaron el movimiento por su carácter "afrancesado" se centraban específicamente en elementos formales, estéticos y estilísticos que establecen paralelos entre la escritura modernista y su filiación a las nuevas formas expresivas francesas de aquella época como son el parnasianismo y simbolismo.[3] No hay duda alguna que los escritores franceses influyeron a los modernistas. Con devoción leyeron y aprendieron de Verlaine, Mallarmé, Gautier, Leconte de Lisle, de Banville, Prudhomme, Coppée, Mendès, Rimbaud, Kahn, Laforgue, Ghil, Verhaeren y de Heredia (aunque era cubano). Negar las influencias francesas (y por extensión, europeas) en el modernismo sería tan erróneo como negar la originalidad y el carácter sincrético del movimiento. O, como diría John Kronik, esa afirmación sería tan grave que no sólo mostraría el sufrimiento de un desacertado patriotismo cultural sino también un "toque de xenofobia" (39).

Desde 1888, cuando se publicó *Azul...*, el mismo Rubén Darío se vanaglorió de presentar la carta-prólogo escrita por Juan Valera. Al hacer esto, el riesgo que tomó el poeta nicaragüense fue establecer en cierta medida una pauta de lectura que la crítica seguiría por varias décadas. Es decir, aunque por una parte Valera enalteció el carácter ecléctico del libro ya que estaba "impregnado de espíritu cosmopolita"; por otra subrayó que la fuente de inspiración de Darío estaba basada "principalmente a través de libros franceses" (4). Es en *Azul...* precisamente donde parte de la representación del Lejano Oriente se comienza a manifestar a través de artefactos culturales como la porcelana, los biombos, las máscaras, los ébanos, las pipas y los mandarinitos enanos en los cuentos "El Rey Burgués," "La canción del oro," en los poemas "Estival" y "De invierno," y más tarde en "La muerte de la emperatriz de la China" (publicada en la segunda edición 1890). El problema es que durante varias décadas se pensó que la representación de esos artefactos tenía que ver con la imitación del gusto y la moda de la sensibilidad francesa. Incluso, desde la época modernista la temática oriental fue motivo de acusaciones. En sus primeros escritos (1897), José Enrique Rodó condenó a Rubén Darío por ser un "afrancesado," un imitador del Japón de Pierre Loti. Lo interesante es que a Rodó tampoco le gustaban las novelas del francés porque estaban llenas de "puerilidades ligeras y graciosas." Cierto es que el uruguayo dio un paso más allá al ser lo suficientemente crítico del orientalismo francés ya que lo percibía bastante superfluo. Lo que más parecía irritarle no era tanto el hecho que Loti representara un Oriente fútil y "gracioso" sino que a pesar de todo, los modernistas lo "imitaban." Por eso con un tono profético declaró: "a los imitadores ha de considerárseles los falsos demócratas del arte . . ." (84).

Aunque más tarde Rodó refutó su temprana crítica, tanto su punto de vista como el de Valera sobre el "orientalismo afrancesado" en el modernismo y todas sus connotaciones negativas marcó una huella que seguiría la crítica en la primera mitad del siglo XX. Cabe aclarar que aún cincuenta años después de la publicación de *Azul*... los estudios se enfocaban casi exclusivamente en la poesía, y los análisis giraban en torno a aspectos formales y estéticos. Por ejemplo, Pedro Salinas escribió que las evocaciones orientales modernistas eran simplemente producto de un "hechizo," ya que los miembros del movimiento solamente "soñaban en países remotos."[4] Esa misma línea de pensamiento la retomó Max Henríquez Ureña en su importantísimo y canónico libro *Breve historia del modernismo* al plantear que las alusiones al Oriente eran de "temas desentrañados de civilizaciones exóticas" (33). Y, enumera en una página los títulos de libros y nombres de autores franceses para concluir que el orientalismo modernista tuvo como base la literatura francesa (21). Aunque su estudio es fundador y ha sido una de las guías de estudio principales sobre el movimiento, el problema es que al orientalismo modernista se le siguió viendo como un tamiz y una "imitación."

Para comprender más a fondo el orientalismo modernista, es preciso no limitarse exclusivamente a inquirir en sus fuentes sino a cuestionar la complejidad que entreteje la representación textual de acuerdo a un contexto específico. El hecho que los escritores de cierta época escriban sobre el mismo tema —sean éstos hispanoamericanos, asiáticos, africanos o europeos— no significa que se les pueda juzgar de acuerdo a un contexto que no sea propio. Esto lo elucidó, en un estudio mucho más reciente que los antes citados, Aníbal González en *La crónica modernista hispanoamericana* [1983] donde señala que los modernistas utilizaron genuinamente la metodología filológica como herramienta para desmontar la literatura francesa y tomaron de ésta únicamente los recursos útiles para establecer una nueva literatura. Y añade que la aproximación de los modernistas a la literatura europea finisecular era lo suficiente crítica para ser "una simple imitación de los modelos franceses" (38). Por lo tanto, analizar el orientalismo modernista a través de un filtro, o sea de acuerdo a un modelo y contexto eurocéntrico significa suprimir precisamente el intento del movimiento el cual era extender sus horizontes para poder comprender mejor el encuentro cultural entre Hispanoamérica y el Oriente.

Cabe acotar que al revisar el corpus crítico se asocia el "afrancesamiento" con el escapismo/orientalismo/exotismo. Por ejemplo, Henríquez Ureña propuso que la expresión "más exótica" de la época modernista fue la de buscar inspiración en Japón y China (20). Su afirmación es acertada pero para este estudio crea un problema. Es decir, si tanto los modernistas como los autores europeos escribieron sobre el Oriente y si para éstos últimos América era una lugar exótico, lo que hay que preguntarse es, qué y quién es "exótico" a partir de la mirada modernista.

Ahora bien, si vuelvo a mi pregunta original sobre si el orientalismo modernista fue una copia de la literatura francesa —como varios lo reiteraron— ¿cómo analizar y conciliar la representación de un sujeto "exótico" por otro "exótico" en la escritura modernista? Es decir, en los textos ¿qué y quién es el exótico? ¿Acaso se le podría llamar "exótico" a un objeto o sujeto oriental a partir de una perspectiva modernista? ¿O es que el exotismo es únicamente una perspectiva cultural de producción europea? En líneas generales, el conocimiento es incompatible con el exotismo pero el desconocimiento es, al mismo tiempo, irreconciliable con el elogio a otros. Sin embargo, eso es exactamente lo que el exotismo quisiera ser, un elogio en el desconocimiento. Se trata de una paradoja. Pero quizás por eso es más fácil comprender por qué lo "exótico" en aquel fin de siglo se representaba a partir de oposiciones binarias discursivas: a lo largo de un eje en el que se contraponían la simplicidad a la complejidad, la naturaleza al arte, el atraso al progreso.[5] Los modernistas fueron lo suficientemente críticos de lo que sus contemporáneos europeos escribían y a veces llegaron a rechazar lo que les parecía "exótico" y superfluo.

En 1900, Tablada escribió en su diario: "concluyo de leer por segunda vez la *Madame Chrysanthème* de Loti y a la vez que me encantan los prestigios del delicioso escritor me exaspera la frivolidad de sus juicios, la perfecta incomprensión del verdadero tipo japonés."[6] En su crónica titulada "Pierre Loti," José Asunción Silva señaló que la obra del escritor francés se basaba en "simples estudios de medios ambientes; artísticos, no psicológicos; coloreados, no profundos" (278). Tanto el escritor mexicano como el colombiano eran capaces de notar que a Loti le hacía falta un conocimiento más profundo de la cultura oriental. Chris Bongie, quien estudia a fondo el exotismo en la literatura francesa finisecular y en particular la producción de Loti, sugiere que el exotismo es una práctica existencial que trata de presentar el espacio del 'Otro' el cual está más allá de los límites de la "civilización" y por lo tanto la percepción del escritor solía terminar en una representación superficial, ambigua y exagerada (5; 91–16; 118–27). Si seguimos esta línea, es difícil aceptar que el orientalismo modernista fue exótico porque copiaba los modelos franceses. Incluso se correría el riesgo, una vez más, de hacer una crítica a partir de una mirada eurocentrista. En el siguiente capítulo me ocuparé de los relatos de cuatro viajeros modernistas en el Lejano Oriente. Lo que habrá que plantearse para lograr una aproximación más directa a la eurocéntrica es: ¿cómo son las representaciones de un "exótico" (un modernista) sobre otro "exótico" (un asiático)? Para ese fin hay que considerar que la escritura producida por sociedades poscoloniales es producto de un fenómeno híbrido que establece una relación dialéctica con otros sistemas culturales, ya sean éstos europeos o no. Por lo tanto, el orientalismo modernista (o el supuesto exotismo) no debe verse como una continuación o adaptación a un modelo europeo sino como una manera diferente de aproximación al análisis de la producción literaria.

Como mencioné al principio, ha habido una tendencia de asociar el exotismo con una suerte de escape de la realidad. Es decir, se llegó a creer en el mito de que el artista es un ser superior apartado de su propio contexto histórico y social. En *Cuadrivio* (uno de sus tempranos estudios sobre el movimiento y sus influencias),[7] Octavio Paz propuso que el modernismo fue una protesta en contra de la realidad "anti-moderna" hispanoamericana y que el "escape" del artista modernista tenía que ver con su anhelo de querer entrar en el mundo moderno: "fue una fuga de la actualidad local —que era, a sus ojos, un anacronismo— en busca de una actualidad universal, la única y verdadera actualidad" (19). Para el crítico y poeta, el escritor finisecular tenía que escaparse de su "actualidad local" para poder participar en el mundo moderno. Según Paz, la modernidad se encuentra a un nivel "universal," lugar donde Hispanoamérica no tiene un espacio de pertenencia. Las carencias de ese "espacio" motivan el escape, la fuga hacia un "no-lugar," y como consecuencia, se recrea, como se llegó a señalar, una producción imitada, europeizante y exótica. Lo que no se toma en cuenta, o lo que se escapa —valga la expresión de Paz— es ahondar en cuál era la relación entre el Lejano Oriente e Hispanoamérica en aquel fin de siglo.

Cuando Paz hace alusión a la modernidad universal más bien se está refiriendo a la modernidad europea. Por su parte, Susana Rotker sugiere que la obsesión por la modernidad emparentó a los poetas de Europa y América en un movimiento similar ya que todos votaron por el universalismo (160). Esto contradice lo propuesto por Paz ya que éste no se percató (por lo menos en sus primeros estudios del movimiento) de que la búsqueda del artista modernista por nuevos senderos temáticos tuvo que ver, al contrario, con una actualidad y modernidad universal en la que participaban Hispanoamérica y el Oriente. El supuesto *anacronismo* o *escape* de la *realidad actual* que Paz encuentra en las letras modernistas no debe de verse únicamente como una posible fuga hacia lo *moderno* o *remoto* sino también como una capacidad crítica de integración a la modernidad universal en la cual participaba el Oriente, Hispanoamérica y Europa. Esto lo notó Manuel Durán, quien señaló que los modernistas admiraban "secreta o públicamente" las grandes ciudades y por ende eran cosmopolitas. Y amplía su pensamiento al enfatizar que el desarrollo del movimiento abarcó por lo menos dos continentes donde había grandes imprentas, se difundían libros y revistas, y que en fin, se trataba de una actitud, un sistema de valores que se lanzó a darle la vuelta al mundo (240–42). Aquí es importante añadir que en efecto, Asia también ya era parte de la modernidad; sobre todo Japón, donde surgieron varios literatos como Ogai Mori, Shiki Masaoka y Soseki Natsume que formaron parte del Japón *moderno* (a partir de 1868) cuando ese país le abre las puertas al mundo después de haber estado aislado por casi trescientos años.

En la época en que les tocó vivir, los modernistas se tambaleaban en un mundo que percibían fragmentado por la modernidad y el progreso. En cierta medida, estaban en contra del impacto tecnológico, materialista e ideológico del positivismo preponderante en América Latina.[8] Asimismo, la modernidad se veía a través de nuevos ambientes que integraban máquinas de vapor, fábricas, telégrafos, ferrocarriles y periódicos diarios. Había un optimismo tecnológico donde prevalecía el materialismo, e integrarse a la economía mundial estaba en la agenda de todos los días. Los adelantos y la súbita expansión del comercio exterior transformaron más los centros urbanos latinoamericanos e hicieron aún más ricos a los aristócratas. Como señaló lúcidamente Roberto González Echevarría, América Latina exportaba materia prima y a cambio recibía cultura en forma de artículos manufacturados; se trataba de un imperialismo comercial ("Modernidad" 159; "Martí" 163). De hecho, la masiva importación de mercancías de todas partes del mundo llenó las casas de los ricos del tipo de "El Rey Burgués" quien tenía "¡Japonerías! ¡Chinerías! Por lujo y nada más" como dijo el pobre poeta del cuento en *Azul*... (18). Siguiendo lo propuesto por González Echevarría, es importante tomar en cuenta que a finales del siglo XIX, la importación de objetos del Lejano Oriente llegaba a Latinoamérica vía Europa debido a que las leyes internacionales no permitían que Latinoamérica importara directamente desde Asia. En ese sentido sí se trataba de un mercadeo que estaba estrictamente regido por el imperialismo. Los productos asiáticos eran comprados por las casas importadoras en Hispanoamérica a precios mucho más altos porque primero tenían que emprender una travesía a Europa y luego cruzar el Atlántico para llegar a ciudades como La Habana, México o Buenos Aires.

González Echevarría ha documentado con detalle sobre la importación de artefactos culturales y la influencia china en Cuba en la introducción a *De donde son los cantantes* de Severo Sarduy. Sin embargo, hasta la fecha ningún estudio crítico del modernismo ha tomado en cuenta que la importación de objetos asiáticos no se limitaba a aquéllos de lujo. Datos históricos revelan que también se importaba una extensa gama de artículos que estaban al alcance de todos los citadinos como los pequeños objetos que coleccionaba Recaredo, el artista de "La muerte de la emperatriz de la China," o como aquéllos representados por Casal en sus crónicas o en poemas de Martí, Darío, Rebolledo o Tablada. Algunos de los artículos importados eran estampas y pinturas, juguetes de todas clases, chinelas de bambú, canela, té verde y negro; dulce de jengibre y diversas frutas en almíbar; arroz de la India, del Japón y China; aguardiente de arroz, sagú y harina de sagú, curry en polvo, cordaje de todas clases de Manila; semilla de gusano de seda, correas de cáñamo, alcanfor, aceite de casia, de anís y de menta; cañas de pescar, benjuí, laca y tragacanto; cera blanca vegetal, polvos japoneses para dientes, semillas de todas clases; plantas medicinales, fuegos artificiales, algodón de China y de la India, cajitas de laca, papel blanco y de colores, papel para envolturas, papel para copiar; tápalos de seda, lisos y bordados; pañuelos de lino, sombreros de paja de China y de Manila, tela blanca y azul de lino, ropa hecha, tinta china negra, linternas de ébano y de papel, abanicos de laca, sándalo, papel y bambú, toda clase de juegos como damas, ajedrez, dominós, rosarios, repisas, quitasoles, canastas, jarrones, tibores, tápalos de la India . . . en fin, un mundo de objetos que no eran exclusivos para la aristocracia finisecular.[9]

La modernidad amenazante con su ciencia, su progreso, su rapidez, su ruido, creaba un sentimiento de alienación, de pérdida, mientras que al mismo tiempo generaba una lucha entre las aspiraciones materiales de unos y los anhelos espirituales de otros. Sin duda alguna, como sugiere Cathy L. Jrade, los miembros del movimiento se inclinaron por valores espirituales y trataron de encontrar en éstos una forma de ver su existencia de una manera más completa. Por lo tanto, añade que

> [t]hey proposed a worldview that imagined the universe as a system of correspondences, in which language is the universe's double capable of revealing profound truths regarding the order of the cosmos. ("*Modernismo,*" *Modernity* 4)

Es interesante que la misma sensación de pérdida y de vacío la expresaron los escritores japoneses que se inclinaron al cristianismo (el Nuevo Testamento se tradujo por primera vez en 1879), el cual les brindaba la oportunidad de aprender más sobre el Occidente y ahondar a un nivel espiritual sobre los males, las fallas y los errores del Japón feudal que había sofocado al país al apartarlo del resto del mundo. Las inquietudes de la modernidad las expresaban al escribir en inglés como *How I Became a Christian* de Kanzo Uchimura, quien además fundó una revista de estudios bíblicos (*Seisho no kenkyu*). Como él, varios vieron el cristianismo como tabla de salvación y única doctrina capaz de librarlos del *poder imperial oriental* que estaba preparando al Japón para la guerra ruso-japonesa (1904–06). Se escribió con devoción sobre los beneficios de inclinarse a doctrinas occidentales. Incluso en la ficción se destacó *Hi no hashira* (*Pilar en llamas*) [1904] de Naoe Kinoshita aparte del *Romaji nikki* (*Diario en alfabeto romano*) [1909] que dejó Takuboku Ishikawa, para quien escribir en otro alfabeto que no fuera japonés o chino era una forma de encontrar respuestas a la incertidumbre del nuevo siglo.[10]

La modernidad a partir de la mirada modernista se hace sobre todo patente al leer los relatos de viaje de Tablada, Gómez Carrillo y Rebolledo en Japón. Es fácil darse cuenta que el escritor se encuentra ante una sociedad moderna, en vías de desarrollo, parecida a otra ciudad en América Latina. Tablada relata en su crónica de viaje "Tokio al correr del 'kuruma'" para sus lectores de la *Revista Moderna:*

> El ferrocarril es pequeñísimo y cada carro la quinta parte de uno de los nuestros; diríase que el japonés con su arte ingénito ha querido, disminuyendo su tamaño, disimular la feal-

Algunas consideraciones críticas

dad de ese vehículo del progreso. La locomotora suena su silbato, como de juguete también, y el tren se lanza alcanzando pronto los arrabales extramuros de Yokohama. (*En el país del sol* 31–32)

Lejos de encontrar un mundo indescriptible e inalcanzable, el viajero latinoamericano en Asia encontró un lugar que estaba al nivel de su propia modernidad.[11] Incluso, ya desde 1882, Martí escribía ensayos que indicaban su interés sobre la occidentalización del Japón. Consciente de la transformación de ese país, subrayaba:

> El Japón, como se sabe, no teme a la civilización caucásica, y envía a sus hombres de Estado a aprender las lenguas extranjeras, y los hábitos de gobierno, cultivos e industrias de los países propios; no elige un solo país extraño para educar a sus hombres jóvenes, sino que los manda a países diversos, para que los unos se lleven las artes del espíritu de Francia y los otros las artes de la siembra y el tráfico de los Estados Unidos del Norte. (23: 187)[12]

Sus observaciones tenían un punto de comparación frente al desarrollo simultáneo de América Latina. El escritor entendía que la modernización del Oriente estaba a la par con aquélla de Hispanoamérica y a la vez comprendía que el mundo se abría más cada día. Por lo tanto, el Oriente, ahora más que nunca, entraba en contacto con Europa y América. Tal era el caso entre América, el Oriente y Europa.

Vistos en conjunto, los ensayos sugieren que a los modernistas les preocupaban las cuestiones sociales sobre el Oriente y al mismo tiempo ahondaban en cuestiones filosóficas, religiosas y estéticas. En uno de los ensayos de Martí se pueden palpar sus preocupaciones de esa realidad resquebrajada mientras que analiza el conflicto entre el budismo y el cristianismo. El autor se sorprende de la semejanza entre los dos grupos y lo que pasaba en México en ese tiempo:

> A semejanza de lo que hacen los misioneros evangelistas en la capital de México, y en casi todos los lugares donde intenten levantar un nuevo templo a su religión, para lo cual regalan vestidos, cuadritos y pequeñas sumas a los hijos de

> los pobres, los budistas se deshacen de algunas sumas de su cuantioso tesoro, y las invierten en pequeños préstamos, a personas que desean entrar en negocios, imponiendo como parte principal de la paga, la obligación de que el favorecido con el préstamo no ha de convertirse al cristianismo. (23: 176)[13]

Martí parte de lo que pasa en Japón en ese momento y compara el Japón con América Latina por tratarse de paralelos tan cercanos en cuanto al proyecto de la modernización y el nacionalismo. Más que ocuparse de una comparación artística, Martí elabora una galería de ideas transculturadoras. Esto no significa que el cubano sólo se haya interesado por temas de tipo social o religioso. En hojas sueltas y en cuadernos de apuntes revela su conocimiento filosófico sobre el Lejano Oriente y su deseo de encontrar puntos de conexión, de ideas filosóficas que unan el pensamiento oriental y occidental. Una lectura ecfrástica de los dibujos de Martí en sus notas indica su preocupación por la penetración de la cultura occidental en la India.[14] Por lo tanto, lejos de tratar de escapar de su "anacrónica" realidad como lo llegó a concebir Paz, los modernistas más bien reaccionaron en contra del positivismo y del vacío tanto espiritual como estético que percibían tanto en la burguesía como en la modernidad con sus cambios bruscos.

Los modernistas encontraron tanto en la modernidad del Lejano Oriente como en sus valores espirituales (por ejemplo, el budismo y el hinduismo) una alternativa que les hizo percibir su propia realidad de otra manera. O más bien, explorar el Oriente ya era una forma de tratar de encontrar respuestas trascendentales que no podían encontrar en su propio contexto por la falta de sensibilidad que sentían a su alrededor. Lejos de escaparse de su realidad o de crear paisajes "exóticos" y "superfluos," fue precisamente a través del lenguaje (nuevos ritmos, el amor por la elegancia, el rechazo al prosaísmo) que respondieron a su realidad. En ese sentido sí coincidió con Octavio Paz quien subrayó que la poesía moderna siempre rechaza su propia época, que se trata de la "tradición de la ruptura" y que: "el arte moderno no sólo es hijo de la edad crítica sino que también es el crítico de sí mismo" (47). Por lo tanto, es importante analizar no únicamente en la poesía sino en toda la producción modernista hasta qué punto el Lejano Oriente influyó a que se produjeran *rupturas* y se fundara un imaginario oriental en Hispanoamérica.

Orientalismo(s) y el imaginario oriental modernista

En las dos últimas décadas han surgido algunas teorías sobre el orientalismo hispánico y europeo. En su mayoría, los estudios hacen alusión a la tesis de Said en su libro *Orientalism*. Para este crítico, "orientalismo" es específicamente un fenómeno complejo de representaciones del Oriente fabricadas por el Occidente. A través de su estudio interdisciplinario —basado en fuentes literarias, históricas, antropológicas y políticas (todas europeas)— concluye que el acto de orientalizar (orientalismo) se ha venido construyendo por instituciones tanto académicas como históricas y de poder que han creado una noción errónea y generalizada del Oriente (3). Y añade que el Oriente ha sido casi una invención europea basada en representaciones de seres exóticos, romances, memorias y paisajes evocadores, de experiencias extraordinarias. Por lo tanto, el discurso europeo sobre el Oriente está basado en una relación de poder y dominación que establece un orden jerárquico y una hegemonía compleja a varios niveles (5–6). Por otra parte, uno de los pocos estudios teóricos que se centran en el orientalismo hispánico en la literatura es aquel de Julia Kushigian, *Orientalism in the Hispanic Literary Tradition*. En su eminente estudio, la autora parte de la tesis de Said y va un paso más allá al señalar que es necesario separar el "orientalismo" de Said de aquél de la tradición hispánica porque en ésta el Oriente *no es* una representación de oposiciones binarias sino que se trata de una especie de fusión. Kushigian hace una revalidación del orientalismo hispánico empezando con la literatura española desde el siglo XII y concluye que España ocupó el lugar del colonizado y no del colonizador en términos de la dominación árabe en la Península. Por lo tanto, la cultura oriental vista a la luz de la perspectiva española no cabe dentro de los parámetros de Said, aunque la Península más tarde fue un poder europeo. Asimismo, en su profundo estudio sobre Jorge Luis Borges, Octavio Paz y Severo Sarduy, Kushigian deduce que el "orientalismo" en la producción de esos autores se destaca por su apertura, dialogismo e identificación con el Oriente (106). Y añade que el "orientalismo" hispánico muestra un contacto "histórico e intelectual" mucho más profundo ya que en la tradición hispánica el Oriente se presenta como una fuente cultural complementaria. Siguiendo esta perspectiva crítica y como veremos más tarde, en el modernismo hispanoamericano se puede ver lo mismo ya que el Oriente no constituyó parte de una hegemonía imperialista desde América Latina sino al contrario, éste fue influyendo poco a poco, formando un imaginario oriental a través de una literatura sincrética, ecléctica y propia.

Aunque el estudio de Kushigian es bastante convincente porque comienza a abrirle paso al orientalismo a partir de una postura hispánica, su análisis del modernismo sólo reitera lo que la crítica tradicional modernista ha dicho: que se trata de una suerte de "exotismo/escapismo." Nótese cómo tal afirmación contradice su previa propuesta sobre el contacto "histórico e intelectual" con el Oriente:

> Modernismo inherits from *romanticismo* a fascination with the Orient but goes beyond simple exoticism to search for the exquisite and rare facet of the exotic—as personified in the figures of Chinese princesses, Oriental sultans, and perfumed harems. These themes were escapist as well as aesthetic because the Orient stood as a symptom of the loss of faith in reason and Western values. The eccentricities of Oriental life, with its exotic spacial configurations and perverse morality, opposed European notions of morality, time and space, and personal identity. Orientalism of the modernista period, or turn of the century, was a presentiment of the end of things. This inescapable despair reinforced a sense of mystery and fatality between East and West that inspired a sad elegance, an emotionalism expressed chromatically, and an obsession with the past in poetry and prose. (7–8)

En primer lugar, su crítica escamotea el amplio corpus de textos modernistas (ensayos, crónicas, relatos de viaje), ya que los tres ejemplos que ofrece de princesas chinas, sultanes y haréns no caracterizan —sino que generalizan— la presencia del Oriente en el modernismo. En segundo lugar, su conclusión de que los textos modernistas eran "escapistas" y "exóticos" porque tenían que ver con "la pérdida de fe y valores occidentales" tiene que ver con una lectura existencial que tiende a confundirse con la noción del "mal de fin de siglo." Como subrayé antes, la culminación del siglo XIX representó una época de transformaciones drásticas para América, el Oriente y Europa. Así que es peligroso generalizar la temática del movimiento con valores metafísicos y hasta existenciales.

También es importante reflexionar sobre su afirmación de que para los modernistas el Oriente representó la oposición de valores morales europeos porque problematiza su postura. Es decir, en primer lugar, deconstruye su argumento previo de separar la tradición hispana de la visión europea. Es decir, la dicotomía que anteriormente ha establecido al indicar que el orientalismo europeo (sin contar el español) es una imposición de Occidente aquí la contradice al recrear oposiciones binarias entre Oriente/Occidente y al introducir el modernismo hispanoamericano dentro de una visión generalizadora occidental. En segundo lugar, no hace más que prolongar las oposiciones que primeramente rechaza en cuanto al orientalismo de Said, y, a la vez, infiere que el modernismo es un hito que continúa la hegemonía cultural europea.

Para el modernista el acto de *orientalizar* no significaba encontrar una respuesta opuesta a los conceptos éticos, morales o estéticos de la sociedad europea. Tampoco se trataba de dar una respuesta al orientalismo europeo finisecular ni mucho menos de imitar a ciegas su producción literaria. Esto lo enfatizó Aníbal González al proponer que los modernistas sabían exactamente lo que hacían cuando en un mismo texto combinaban referencias al Lejano Oriente con aquéllas de las culturas indígenas y al mismo tiempo citaban autores europeos (54). En ese sentido los miembros del movimiento "dialogan" con orientalistas europeos, pero eso no quiere decir que la razón por la cual los primeros se aproximan al Oriente esté basada en ofrecer exclusivamente antagonismos a la visión europea sobre esa parte del mundo. El discurso modernista nos ofrece un encuentro cultural bastante complejo. Es por eso que aplicar directamente el "orientalismo" de Said, el cual decisivamente es una crítica al orden jerárquico y hegemónico europeo —o el de Kushigian que indirectamente reitera el fenómeno que Said juzga— significa correr el riesgo de criticar el modernismo, una vez más a partir de una visión eurocéntrica.

Capítulo uno

Aquí es imprescindible acotar que las oposiciones binarias de las que parte Said en *Orientalism* están íntimamente relacionadas al concepto de "centro" y "periferia." A través de este estudio se verá que utilizo los conceptos de "periferia"/"centro" y a propósito los pongo entre comillas porque se trata de convencionalismos. Por lo tanto, cuando haga referencia a la "periferia" me estaré refiriendo a la producción literaria modernista no porque sea periférica en torno a otros centros y periferias sino más bien porque se trata de un movimiento del cual se llegó a pensar que era periférico en relación a Europa. Sobra decir que Latinoamérica no es una periferia en relación a Europa ni mucho menos a España, de donde se ha heredado la lengua y un sinnúmero de tradiciones. Sin embargo esos conceptos son útiles porque los discursos (occidentales) modernistas ofrecen una nueva alternativa de estudiar el Oriente a partir de una mirada que no es europea. Incluso, con la problemática que hoy en día plantea la globalización y la emergencia de políticas multiculturales como dimensiones de todos los sistemas políticos y económicos, el debate Oriente/Occidente, Periferia/Centro, Norte/Sur o como quiera llamársele se enfrentará a nuevos retos y cuestionamientos. Como lo sugiere Bryan Turner, la globalización traerá consigo nuevas dimensiones y ansiedades ya que el sentimiento de que todo lo de afuera ha sido importado causará nuevas sensaciones (183).

Después de todo, la denominación "centro" o "periferia" tiene que ver con una postura relativa, psicológica e ideológica que tiene sus raíces en el imperialismo europeo. La producción modernista elucida un discurso donde no existe una relación entre imperio-colonia sino las relaciones entre sujetos poscolonizados.[15] Las diferentes representaciones manifiestan una red de confluencias que no obedecen estrictamente un orden jerárquico y hegemónico o la dicotomía que entra dentro de las convenciones de lo que se ha venido denominando como el "centro" y la "periferia." En ese sentido, el orientalismo modernista, el cual no surge de un espacio dominante (y colonizador), no corresponde al orientalismo europeo según lo concibe Said.

Las complejas interacciones manifestadas en un discurso "periférico" sobre otro "periférico" ofrecen alternativas que se diferencian del orden impuesto por oposiciones binarias y con-

Algunas consideraciones críticas

secuentemente por relaciones de poder entre "centro-periferia." Al privilegiar lo "periférico" o "marginal" a partir de lo "periférico" no significa dejar de cuestionar la complejidad de la problemática de la identidad cultural y la representabilidad. Es decir, no se trata de inaugurar un sistema estable y simétrico donde no exista la posibilidad de cuestionamientos de las estrategias discursivas y controversias básicas que surgen a partir de una ruptura epistemológica como en este caso. Aquí coincido con Gayatri Chakravorty Spivak quien sugiere que al subrayar la marginalidad o la periferia nos implicamos en un sistema de relaciones de poder que a su vez fomenta la presencia de un centro dominante. O, dicho de otra forma, reclamar la periferia significa hacer válido el centro. Por otra parte, ella añade que al querer negar la estructura que uno critica pero en la cual uno habita significa emprender una práctica filosófica y deconstructiva (221–25).[16] Ahora bien, que el discurso oriental modernista privilegie los "márgenes" no significa que esté reivindicando o perpetuando una práctica hegemónica europea sino que está manifestando una alternativa a una visión exclusivamente eurocéntrica y colonizadora. Después de todo, no se trata únicamente de nombrar. Es decir, no se trata de darle un nuevo nombre a la "periferia" sino de aprender de las complejas interacciones que representa un discurso no-europeo sobre otro no-europeo y, al mismo tiempo, no dejar de tomar en cuenta cuáles son las posturas del escritor hispanoamericano en relación al europeo para poder profundizar más en este complejo fenómeno.

Uno de los ejemplos más lúcidos que nos permiten indagar en la compleja red de significaciones que resisten simplificaciones categorizantes de "marginalidad" o de relaciones jerárquicas —en el sentido estricto de la tesis de Said— es la escritura de viaje modernista. Ésta funda un nuevo espacio en el imaginario oriental hispanoamericano e inscribe intrínsecamente un encuentro cultural con sujetos asiáticos. En el caso del viajero modernista, su sed de conocimiento y su afán por encontrarse con otro mundo moderno lo inclinó a cruzar las aguas del Pacífico. Para el viajero, aprender y presenciar otra cultura con sus propios ojos ya era una expresión, un modo y un deseo de identificarse directamente con la cultura oriental. Ese encuentro cultural representado en los discursos modernistas,

Capítulo uno

sin embargo, no debe de verse como una línea que se adhiere a los modos de representación de textos europeos. Para Said, los discursos europeos eran repetitivos y redundantes ya que recreaban lo que guardaba una suerte de archivo que contenía una colección de sueños, fantasías y vocabulario específico que hablaba por el Oriente (*Orientalism* 73). El escritor latinoamericano estaba consciente y al día de lo que producían los discursos europeos pero eso no quiere decir que copiara de su "archivo" sino que más bien trataba de darle sentido a su propia experiencia partiendo de su propia historia, su propio pasado, desde su contexto.

Por la misma vertiente, los textos modernistas nos recuerdan que el contacto entre América y Asia no surge a partir de su época. Textos históricos como *The Manila Galleon* [1959] de William Schurz y *Viaje a la Nueva España: México a fines del siglo XVII* [1697] de Juan Francesco Gemelli Carreri demuestran que desde el siglo XVI barcos cargados de mercancía asiática empezaron a hacer la travesía de Manila a Acapulco. La sociedad hispanoamericana impregnada de artefactos culturales desde aquel siglo comienza a incorporarlos a su propia cultura. Tal conexión subraya el carácter ecléctico y sincrético de las diferentes manifestaciones artísticas que empezaron a tomar lugar desde entonces. Desde aquel tiempo Asia comienza a ser parte del imaginario de Hispanoamérica y la escritura modernista expande los horizontes de ese imaginario con las experiencias de los viajeros quienes le describían a su público lector sus impresiones sobre el Oriente Lejano moderno.

Es pertinente y de suma importancia recordar que el viaje hacia el Oriente, precisamente de Acapulco a Manila, ya lo había descrito Carlos de Sigüenza y Góngora en los *Infortunios de Alonso Ramírez* [1690] y sobre todo, José Joaquín Fernández de Lizardi en la primera novela hispanoamericana: *El periquillo sarniento*. En el cuarto tomo, Lizardi nos relata el viaje del protagonista, el "periquillo," quien embarca en Acapulco y desembarca en Manila. Consciente de las relaciones que habían existido entre Asia e Hispanoamérica por más de tres siglos, el escritor le dedica nada menos que sesenta páginas de su novela al tema. En su regreso del Oriente, el "periquillo" se lleva a vivir a un chino a México y allí los dos

Algunas consideraciones críticas

conviven por mucho tiempo. El chino sirve de vocero de los ideales de Lizardi. En suma, *El periquillo sarniento* marca la apertura de las letras hispanoamericanas y ya desde allí se hace patente el carácter cosmopolita de la literatura, rasgo que los modernistas perfeccionarán a través de la renovación del lenguaje. Lo mismo pasará con los viajeros modernistas quienes, tratando de crear un nuevo imaginario cultural a través de las letras, se atreven a ir al Oriente para presenciar con sus propios ojos lo que el personaje ficticio "periquillo" ya había percibido.

Uno de los modelos teóricos sobre la literatura de viaje que comparte la ideología de Said en su ámbito por descolonizar el saber es el que formula Mary Louise Pratt. Su estudio es sobresaliente porque aunque se trata de la escritura de viaje europea en relación a África e Hispanoamérica, ofrece un acercamiento teórico en relación al encuentro entre dos sujetos históricos que nunca antes habían estado relacionados. Pratt denomina "zona de contacto" al espacio donde dos (o más) individuos que habían estado separados geográfica e históricamente llegan a tener contacto y establecen relaciones que generalmente involucran condiciones de coacción, desigualdad e inextricable conflicto (*Imperial Eyes: Travel Writing and Transculturation* 6). Por lo tanto "zona de contacto" es un espacio asimétrico de relaciones de poder idéntico o a una frontera colonial, un límite que, en el caso de Latinoamérica, se establece con respecto a Europa. El fenómeno que Pratt estudia legitima lo planteado por Said (la analogía entre Europa-Oriente) que gira en torno a oposiciones binarias que determinan una relación jerárquica entre poder/subordinación, colonizador/colonizado.

En el caso del viajero modernista, el encuentro con el sujeto oriental se convierte en un espacio cultural donde las relaciones asimétricas de poder a las que alude Pratt existen en otro orden. Es decir, el viajero hispanoamericano en el Oriente se encuentra, por un lado, en espacios todavía colonizados por el europeo como es el caso del guatemalteco Gómez Carrillo en la India, Ceilán e Indochina o el salvadoreño Ambrogi en Saigón y Hong Kong; por otro lado, los mexicanos Tablada y Rebolledo van a Japón, donde no existe el impacto colonizador.[17] A partir de esos espacios, el viajero se encuentra ante diferentes posiciones donde no impera una filiación estricta al

Capítulo uno

oriental o al europeo. Los textos que inscriben al Otro o a los Otros se adaptan a un fenómeno mucho más complejo. Por eso en repetidas instancias se escribe desde espacios que sugieren encontrarse en un "linde" y donde se hace alusión a extranjeros. Se trata de un proceso de autoidentificación con varios Otros ya sean éstos orientales o europeos. Por ejemplo, se entabla una conversación con un chino y se describe su profundo conocimiento sobre la historia de América y el Oriente al mismo tiempo que se subraya su ardua labor de enseñanza del idioma francés en el territorio extranjero de Singapur. También se describen a los extranjeros en el distrito de China Town en Yokohama, Japón, o a "extranjeros desconocidos" que habitan un barrio de Tokio así como a los ingleses en Hong Kong o a los franceses en Indochina.[18]

Las experiencias de estos viajeros inauguran un espacio textual que transforma la relación rígida que fija los binarismos que Said y Pratt critican en el discurso europeo. Situados ante un nuevo contexto, los sujetos orientales no son vistos necesariamente como "marginales"; tampoco los europeos son vistos como "superiores" en relación al viajero modernista. Pratt utiliza el concepto de "transculturación" formulado por el cubano Fernando Ortiz y lo aplica a la producción de aquellos grupos marginados o subordinados que seleccionan e inventan materiales a partir de lo que les ha transmitido la cultura europea.[19] Said por su parte enfatiza que el sujeto oriental siempre aparece como aquel ser inferior en torno al europeo (206). La postura del viajero latinoamericano, en primer lugar, ya no es la de aquel "subordinado" que "selecciona e inventa" con el afán de construir un discurso que implícitamente subvierte los textos europeos ni tampoco somete al sujeto oriental bajo un orden vertical sino que al cuestionar su postura intrínseca en torno a esos sujetos pone en evidencia que existen órdenes mucho más plurales.

Un discurso dominante siempre posee huellas de "ambivalencia" sobre su propia autoridad. Para mantener tal dominio, ese discurso construye a un Otro radicalmente opuesto al "yo" de la enunciación mientras mantiene cierto grado de identidad con ese Otro para poder sostener el control.[20] Basándose en el concepto lacaniano de la construcción del "yo" a partir del "otro," o viceversa, Hommi Bhabha indica que si ese "Otro"

Algunas consideraciones críticas

es la reflexión de un archivo propio pero al que hay que construir radicalmente diferente, la representación del Otro se vuelve repetitiva. El crítico denomina ese fenómeno "ambivalente" en el discurso dominante de la Otredad en el cual siempre existe una resistencia que implícitamente lo acompaña y lo subvierte. El concepto lacaniano que exige tomar en cuenta el vaivén que se entreteje en relación a la construcción del "Otro" indudablemente se aplica a la representación en el discurso oriental modernista. Sin embargo, aquí no existe el ansia que mutila la contradicción fundamental que Bhabha encuentra "ambivalente" en el discurso europeo. El discurso modernista no trata de destituir el sujeto ya sea éste oriental o europeo sino que al construir una representación mucho más plural se inscribe dentro de un campo discursivo que instintivamente deconstruye la ansiedad que surge de la ambivalencia que Bhabha encuentra inevitable.

Los viajeros modernistas no emprendieron viajes turísticos exclusivamente sino que en la mayoría de los casos fueron enviados como cronistas. Por lo tanto, el intelectual viaja en calidad de intérprete de una cultura. En sus textos se hace patente que no se trata de una especie de *veni vidi vici* sino de la carga, el compromiso que el escritor profesional modernista llevaba en sus espaldas. En ese modo, el viajero actuaba como una especie de etnógrafo quien le interpretaba a su público lector una cultura a partir de un texto donde, mientras el discurso se interrelacionaba con el discurso literario, a la vez convergía con una serie de discursos ya fueran religiosos, históricos o estéticos.[21] La interpretación de la cultura que el letrado inscribe pasa por una especie de "ojo" antropológico y etnográfico. No se trataba de presentar artefactos, monumentos y espacios citadinos a la deriva o en una manera superficial. Como sugirió el antropólogo Clifford Geertz, para lograr una buena interpretación el autor no puede regresar a su lugar de origen y simplemente presentar una máscara o una figura tallada. Se trata más bien del nivel de profundidad, de claridad y capacidad de poder mostrar hasta qué punto puede reducir la perplejidad de otra cultura a sus lectores (16). En *Sensaciones del Japón y de la China*, Ambrogi nos enseña sobre la filosofía de la ceremonia del té en Japón, mientras que Rebolledo nos ilustra la historia de los templos en Nikko. Lo mismo hizo

Capítulo uno

Tablada al describir la historia del arte japonés tal y como se presenta en los templos sagrados de Shiba y en imágenes sagradas budistas en Japón.

Para los modernistas el viaje fue un camino que les dio la oportunidad de visitar lugares célebres y religiosos. En ese sentido, su travesía fue una suerte de peregrinaje. Al mismo tiempo, en el contexto modernista el concepto de peregrinación (real o imaginario) sugiere la búsqueda de una expresión ideal, bella, exquisita y pura. Por lo tanto, al interpretar la cultura, el escritor modernista entra en un diálogo que le otorga más validez a su relato aunque no necesariamente disminuye su estilo y su respeto por la forma, la cual es altamente poética. Es aquí donde el género de viaje se asemeja más a la escritura etnográfica. Como señala James Clifford:

> Moreover, to recognize the poetic dimensions of ethnography does not require that one give up facts and accurate accounting for the supposed free play of poetry. "Poetry" is not limited to romantic or modernist subjectivism: it can be historical, precise, objective. And of course it is just as conventional and institutionally determined as "prose." Ethnography is hybrid textual activity: it traverses genres and disciplines. (*Writing* 25–26)

Por lo tanto, si el discurso etnográfico es "poético" lo mismo se puede decir del discurso literario modernista. Es por eso que en sus relatos se puede apreciar la naturaleza superior del lenguaje y sus fuerzas de expresión. En los relatos se presentan espacios y panoramas que aunque son reales todo está en armonía, en perfecta concordancia con la naturaleza y la belleza artística.

El imaginario oriental modernista no se funda exclusivamente a partir de interpretaciones hechas por viajeros. Por ejemplo, Darío, Casal y Martí, figuras importantísimas dentro del movimiento, escriben y por ende "interpretan" la cultura oriental sin haber viajado a esa región. Para Said, el "intérprete" europeo de finales del siglo XIX, mientras hacía lo posible por transcribir esa cultura a su público, tenía una relación con el Oriente que era "hermenéutica" y por lo tanto, éste mantenía cierto grado de distancia. Es decir, el Oriente era algo lejano, un monumento cultural incomprensible, apenas una civilización. Esa distancia cultural, temporal y geográfica se expresaba en "metáforas de profundidad, secreto y promesa sexual" (222). Su severa crítica en cuanto al discurso europeo no se puede aplicar directamente al modernismo. En primer lugar, el Oriente e Hispanoamérica tienen relaciones históricas peculiares que nos obligan a juzgar al "intérprete" modernista a partir de un contexto específico. En segundo lugar, Said toma muy poco en cuenta la importancia de los artefactos culturales como fuentes de investigación hermenéutica y estética. Éstos son esenciales para analizar el discurso modernista. Cierto es que, por otra parte, como Said indica, lo que hay que juzgar en un texto orientalista no es tanto lo verdadero sino su representación: "I believe it needs to be made clear about cultural discourse and exchange within a culture that what is commonly circulated by it is not 'truth' but representations" (21). Sin embargo, no sería justo que ignoráramos la rica amalgama de artefactos culturales que descifran a partir del "lenguaje" de los objetos la interacción de diversas culturas.

"El escritor ha de pintar como el pintor," dijo Martí (20: 32). Y ciertamente, durante el modernismo, la presencia del Oriente repetidamente se manifestó a partir de objetos como un búcaro, un pergamino, un florero, un grabado, una figura de porcelana. Mientras el escritor interpreta esa cultura, presenta los exteriores e interiores de la ciudad hispanoamericana al mismo tiempo que privilegia el espacio estético. En varias instancias el artefacto también sirve como punto de partida para indagar en cuestiones filosóficas, religiosas o históricas como es el caso del ensayo *Hiroshigué, el pintor de la nieve y de la lluvia, de la noche y de la luna* de Tablada donde se hacen alusiones y comparaciones al arte hispano para que sus lectores puedan tener una noción más amplia de lo que el escritor intenta descifrar. Esos textos ilustran en una forma eminente hasta qué grado el modernista (y su público lector) tenían acceso a esos artefactos culturales del/o sobre el Oriente mientras nos hacen cuestionar sobre el valor de estimación de dichos objetos. Asimismo, los artefactos —como es el caso de los cuadros de Hiroshigué, fuente de inspiración de Tablada— connota una suerte de trayectoria, un desplazamiento que invita a contemplar paisajes y a trascender fronteras culturales a partir de la presencia de objetos de arte. Los modernistas "pintaron" a través de poesía y prosa tal como los ensayistas y poetas orientales para quienes el viaje o peregrinaje fue una condición necesaria para crear diarios de viaje y poesía. Para Matsuo Basho, uno de los grandes poetas japoneses del siglo XVII, la poesía era en sí misma un camino, una trayectoria relacionada íntimamente con el viaje a varios parajes naturales y religiosos. Tomando en cuenta que el concepto de "peregrinación" en el contexto de varios discursos modernistas sugiere un trayecto, una búsqueda de un ideal artístico, un anhelo de alcanzar lo sublime, un recorrido espiritual así como un traslado —no necesariamente real o físico— a otro lugar, el ensayo poético de Tablada se puede comparar con varios poemas cuyas transposiciones del paisaje surgen de la inspiración evocada en la pintura oriental delineada en grabados, estampas y pergaminos. Tal hecho comprueba que el discurso latinoamericano no giraba exclusivamente en torno a representaciones "inteligibles" —valga la expresión de Said— sino que el modernista en su calidad de "liaison," era un intermediario quien, mientras interpretaba, ofrecía a sus lectores una escritura altamente estilizada.

Los textos modernistas son eclécticos, forman parte de una literatura cosmopolita donde se pueden apreciar influencias y elementos de diferentes culturas. Sobra repetir que el Oriente (y Europa) fueron, aunque no exclusivamente, las fuentes de inspiración de los modernistas. En el cuento fundador, "La muerte de la emperatriz de la China" de Darío, el decorado francés del salón del protagonista, un artista latinoamericano, se mezcla con su colección de artefactos del Lejano Oriente. El artista lee a escritores franceses (Loti y Gautier) pero al mismo tiempo él es un experto en su arte y en el arte del Oriente. Darío presenta un artista cosmopolita, abierto a nuevas ideas, a nuevas culturas pero cuya apreciación del arte oriental se basa en una mirada hispanoamericana. El protagonista del cuento es una representación de la participación del modernista en un diálogo intelectual de ideas, objetos culturales y conceptos estéticos a un nivel universal. Lo mismo se puede apreciar en la poesía. Un ejemplo es el poema "De invierno" donde Darío invierte los papeles. Se trata de un interior en París decorado de objetos orientales:

> El fino angora blanco junto a ella se reclina,
> rozando con su pico la falda de Alençón,
> no lejos de las jarras de porcelana china
> que medio oculta un biombo de seda del Japón.
> [. . . . .]
> como una rosa roja que fuera flor de lis;
> abre los ojos; mírame, con su mirar risueño;
> y en tanto cae la nieve del cielo de París.
>
> (*Azul...* 85)

El poeta recrea el interior de un espacio citadino europeo, lo cual refleja su conocimiento de la moda *chinoiserie* europea.[22] Los interiores orientales/europeos dentro de un espacio citadino latinoamericano (como en "La muerte de la emperatriz de la China") no deben de verse como una recreación de la moda *chinoiserie* transplantada a Hispanoamérica sino como un espacio donde convergen una serie de influencias que constituyen los rasgos característicos de la cultura hispanoamericana, ecléctica y original.

    El discurso europeo no se abre a posibilidades de cuestionamientos o a un diálogo de ideas sino que se encierra dentro de un sistema hermético, apunta Said. Consecuentemente, se sobrestima una postura superior europea mientras no le cede espacio a un discurso alternativo (7). Su preocupación sobre la falta de la posibilidad de un distinto "punto de vista" es precisamente lo que ofrece el discurso modernista, el cual propone alternativas al discurso europeo. Sólo es justo recordar que algunos textos modernistas también fueron leídos en Europa y aquí no me refiero exclusivamente a la obra de Darío en España sino que basta leer el prólogo del extenso ensayo *El alma japonesa* de Gómez Carrillo, el cual manifiesta la aclamación de la crítica francesa por su eminencia crítica y conocimiento sobre aquel país. Esto nos obliga a instalar el discurso modernista dentro de un sistema mucho más amplio y dialógico que no se limita a simplificaciones sino que brinda la posibilidad de analizar diversas representaciones las cuales prometen una visión más, una manera más de comprender el mundo de aquella época finisecular. Más que imitador, un modernista como Gómez Carrillo se hace un experto digno de aclamación. Los textos modernistas manifiestan preocupaciones sociales, históricas, estéticas, filosóficas y hasta políticas. Por ejemplo, Gómez Carrillo escribe sobre "las grandes escritoras," "el sentimiento poético," "la miseria," "la imaginación popular." Martí desde Nueva York escribe sobre un "funeral chino" y sobre cuestiones religiosas y filosóficas. A través de poemas y ensayos, Casal escribe sobre el arte japonés. Rebolledo escribe poemarios que se concentran en el arte budista mientras que Tablada, aparte de escribir ensayos de inclinación social, política y estética, introduce el *haiku* al español. Sus aproximaciones a diferentes asuntos no se limitan a sueños "exóticos" o a representaciones "preciosistas" sino que también mucho se escribió sobre temas sociales y de actualidad.

Analizar el discurso modernista a la luz de una mirada hispanoamericana, por otra parte, nos obliga a dialogar con teorías literarias europeas. Ashcroft, Griffiths y Tiffin sugieren que esta tarea es ineludible:

> Post-colonial writing and literary theory intersect in several ways with recent European movements, such as postmodernism and poststructuralism and with both contemporary Marxist ideological criticism and feminist criticism. These theories offer perspectives which illuminate some of the crucial issues addressed by the post-colonial text, although post-colonial discourse itself is constituted in texts prior to and independent of them. (155)

Por lo tanto, mientras se hace imprescindible dialogar con movimientos europeos, también es indispensable analizar cómo los textos modernistas que giran en torno a un tema dialogan (o se contradicen) entre sí. Por ejemplo, en cuanto a la presentación de la mujer oriental, hay una serie de variantes. No se trata únicamente de ver a la mujer en torno al deseo del autor o porque le llame la atención la sensualidad como Meyda Yegenoglu sugiere al analizar algunos textos "occidentales" y sus representaciones de mujeres orientales (72). Por ejemplo, a Gómez Carrillo le preocupa el estado de la mujer: "desde hace algunos meses no puedo abrir una revista sin encontrar algunas páginas sobre la mujer japonesa. El tema es de actualidad. En Inglaterra, en Francia, en todas partes, se habla de la esclavitud femenina en el imperio del sol naciente" (*El alma japonesa* 117). En las páginas que siguen, el escritor hace una profunda

Algunas consideraciones críticas

crítica de la sociedad japonesa y condena el hecho que a la mujer no se le otorguen ciertos derechos como aquéllos que goza la mujer hispánica o europea. A su vez, Gómez Carrillo sugiere que es hora que la mujer se libere y que empiece a formar parte de una sociedad como es en Hispanoamérica y Europa. Por otra parte, alude a "las grandes escritoras" donde defiende que en cuestiones intelectuales, la mujer japonesa es la que ha escrito las obras clásicas —tanto históricas como literarias— y que éstas hablan por sí solas porque hasta cierto punto la mujer es la autoridad en esa sociedad. A diferencia de Gómez Carrillo, algunos textos de Tablada y Darío representan a la mujer a partir de una mirada patriarcal donde su imagen aparece congelada, enmarcada, atrapada o fragmentada. Tal variedad de representaciones en torno a una imagen subraya que la producción modernista, lejos de ser redundante, presenta diferentes perspectivas que, como en este caso, construyen un campo de batalla.

El orientalismo modernista indudablemente difiere de aquel que critica Said porque nos ofrece una alternativa mucho más plural y abierta que dialoga con el Oriente y con el discurso oriental europeo. El ensayo de Said titulado "The Politics of Knowledge" es una respuesta a la crítica que ha cuestionado su postura en *Orientalism* donde, según ésta, Said ataca el discurso hegemónico europeo mientras excluye a otras culturas y no ofrece alternativas al fenómeno que juzga. Para Said, la crítica literaria debería de concentrarse en aspectos mucho más universales (147). Por eso sugiere que es imprescindible reevaluar los lazos entre el texto y el mundo ("the ties between the text and the world"; 149) y elabora el concepto de "worldliness." Éste, como él lo resume, es la apreciación no sólo de una pequeña esquina defensiva en el mundo sino de una gran casa con múltiples ventanas, una casa de cultura humana (151). Por ser mucho más abierto y ecléctico, el orientalismo modernista se acerca más al concepto de "worldliness" y ofrece lúcidamente alternativas al "orientalismo" de Said. Indagar más a fondo el discurso oriental modernista significa poner en práctica alternativas al fenómeno que Said juzga en *Orientalism*. Tal práctica es la que emprenderé a través de análisis de textos en los siguientes capítulos.

Capítulo dos

Fundación de un imaginario oriental
Los viajeros modernistas

> *A medida que los hombres*
> *se alejan, sus patrias se*
> *agrandan. La raza rompe*
> *las barreras políticas.*
> *La poesía del cielo,*
> *del clima, une á aquellos*
> *que se encuentran*
> *desunidos por la ley.*
> Enrique Gómez Carrillo
> *De Marsella a Tokio*

En mayo de 1900, Rubén Campos anunciaba en su crónica semanal del periódico *La Patria*:

> José Juan Tablada parte para mañana al Japón. El poeta realiza su sueño de toda una juventud. . . . ¡Ve, artista! ¡Ve, escogido! . . . Estudia y fructifica, y que tu labor acrisolada en la palpación de la más sugestiva de las artes plásticas, porque es soberanamente original, sea simiente fecunda en nuestra tierra. . . . Cuando contemples arrobado flotar en un mar de oro el témpano de nieve del Fusiyama [*sic*], sueña en el lejano y augusto Citlaltépetl. (Citado en Tablada 4: 24–25)

El cronista ya percibía con anticipación la textura del relato de viaje que estaba a punto de escribirse. Las páginas, una vez escritas, figuran precisamente un "crisol" que elucida un encuentro cultural dinámico y abierto. Campos admiraba la producción de Tablada a la cual llamó "labor acrisolada" por su ecléctica naturaleza. Asimismo, notaba la necesidad de inscribir y cimentar una interpretación cultural del Oriente a partir de un viaje real. Sutilmente, Campos le sugiere al viajero que no se olvide de entablar un diálogo cultural; por eso recurre a la metáfora de los dos volcanes, uno japonés y otro mexicano: cuando contemples el Fujiyama, sueña en el Citlaltépetl. El Fujiyama (o Monte Fuji) es el volcán más admirado y sagrado para los japoneses. Desde hace siglos ha sido visitado por congregaciones de peregrinos y también ha sido la inspiración de los pintores y poetas más famosos de Japón. De la misma manera, el Citlaltépetl es el volcán más alto de México; desde los tiempos más remotos ya era admirado por civilizaciones indígenas. De ahí deriva su nombre "Cerro de la Estrella" porque se pensaba que su cima podía alcanzar los cuerpos siderales. Lo interesante es que la metáfora usada por Campos ejemplifica las condiciones del viaje modernista, el cual, lejos de tratarse simplemente de un recorrido turístico, ayudó a los viajeros a reflexionar sobre su propia historia y sobre la modernidad que les tocó vivir.

Tablada fue el primer modernista que viajó al Oriente. Fue enviado por la *Revista Moderna* para escribir y enviar periódicamente desde allá su interpretación cultural en una serie de crónicas titulada "En el país del sol."[1] Pocos años después, Gómez Carrillo, Rebolledo y Ambrogi también viajaron a Asia. En este capítulo, aparte de las crónicas de Tablada, analizaré y compararé las semejanzas y diferencias en los siguientes textos de viaje: *De Marsella a Tokio* (Gómez Carrillo), *Nikko* (Rebolledo) y *Sensaciones del Japón y de la China* (Ambrogi).

Como mencioné en el primer capítulo, el discurso modernista nos ofrece el insólito viaje de una "periferia" a otra "periferia." El encuentro cultural que se lleva a cabo nos ofrece una alternativa que abre paso al cruzamiento de fronteras entre Hispanoamérica y el Lejano Oriente. De igual forma, el relato de viaje enriquece la forma de percibir y conocer a fondo las interpretaciones culturales desde una mirada enfáticamente latinoamericana. Por lo tanto, aquí no coincido con Jacinto Fombona quien planteó que:

> [e]l texto de viajes del escritor hispanoamericano abre un doble espacio marcado por un doble desplazamiento, textos en los que el lugar visitado ha sido hecho espacio textual con anterioridad por un texto europeo, traducido y consumido por la cultura hispanoamericana de modo que todo

Capítulo dos

> viaje resulta la exhibición y reescritura de textos europeos, la repetición de un texto original. (9)

Como veremos, lejos de ser una "reescritura" y una "repetición de un texto original," los relatos modernistas amplían los horizontes del imaginario oriental y elucidan el afán de los escritores de interpretar a sus lectores diferencias culturales en la moderna Asia desde su propio punto de vista y no desde un punto de vista europeo. El hecho de navegar al Este ya en sí demuestra la necesidad y condición de esos viajeros. Ellos querían llegar a conocerse mejor a sí mismos a la par que querían interpretar a sus lectores las diferencias culturales de otros lugares. Esos intelectuales, lejos de ser vagabundos, tenían una agenda muy clara. Tablada, poeta por antonomasia, siente el deseo de escribir poesía durante su viaje. De hecho, sus crónicas están estilísticamente bien trabajadas y pulidas, aparte de armonizar un ritmo que solamente un poeta es capaz de lograr. Sin embargo, pronto se da cuenta que su labor es interpretar —en prosa— sus percepciones a sus lectores de la *Revista Moderna*. En un tono triste reflexiona sobre su proyecto y escritura:

> Contra mi designio; pero impulsado por un sentimiento imperioso, he trazado las líneas anteriores sin resignarme a ser tan prosaico como un agente viajero, sin creer oportuno tampoco hacer vibrar en estas páginas una perpetua crisis de íntimo lirismo. Vamos pues al grano.... (3)[2]

Consciente de su labor, el poeta regresa a su proyecto. Aunque más tarde se preguntaba, ¿cuándo llegarían los tiempos en que "podrá el poeta, el artista o quien se precie de serlo, vivir incondicionalmente su vida? ¿Cuándo en el áureo anzuelo de la gloria se clavará un laurel en lugar de un pedazo de pan?" (30). El escritor (así como los otros viajeros) se veía urgido a poetizar aunque por otra parte tenía la necesidad de inscribir e ilustrar a su público lector sus visiones del Oriente.

Una prosa poética y altamente estilizada, típica de un modernista, es la que figura en las páginas de viaje. Sin embargo, es interesante que en éstas mismas manifiesten simultáneamente la labor crítica e informativa de esos intelectuales. En otras palabras, el discurso de viaje se aproxima en una manera sorprendente a aquél de la etnografía. Como el antropólogo Vincent Crapanzano sugiere, el etnógrafo no traduce textos en la forma en que el traductor lo hace sino que los tiene que producir primero. No obstante, en torno a las metáforas textuales de la cultura y la sociedad, el etnógrafo no tiene un texto primario e independiente que pueda ser leído y traducido por otros. A pesar de su frecuente pretensión no histórica y su sincronía, la etnografía se determina históricamente en el momento del encuentro entre el etnógrafo y la persona que estudia (51). Siguiendo esta línea, la ocupación del literato modernista también demuestra tal exigencia. Es decir, éste último, enviado como intérprete cultural al Oriente, se enfrenta ante la necesidad de "producir," de inscribir su encuentro con un Otro.

La forma en que los viajeros se aproximan al Oriente y la representación de su interpretación y descripción, asimismo, es el resultado de una interacción dialógica, condición también necesaria en el discurso etnográfico. Como lo propuso Geertz, el objetivo de elaborar una aproximación semiótica a la cultura tiene que ver con el hecho de que ésta ayuda a tener acceso al mundo conceptual donde vive el sujeto que se estudia y, por lo tanto, en un sentido más profundo se puede conversar con el sujeto (24). Asimismo, los textos que aquí comento son dialógicos en el sentido en que requieren lo que Mikhail Bakhtin llama "exotopy" o "extralocality," es decir, la distancia entre dos culturas que es necesaria para establecer cualquier tipo de entendimiento creativo de uno mismo y del Otro (6–7).

En *Orientalism*, Said propone que el discurso orientalista europeo se distingue por "silenciar" al Otro (206). En contraposición a este fenómeno, un enfoque en los recursos retóricos del discurso de viaje modernista revela el acercamiento de estos intérpretes culturales y su afán de querer cederle la voz al Otro a través de varios procedimientos. Es decir, repetidamente se transcriben conversaciones con orientales y se interpretan libros y cuadros. Por la misma vertiente, una forma de interpretar la cultura tiene que ver con la lectura, análisis y presentación de la historia y literatura de aquéllos que se estudia. Esto es también cierto en el campo de la antropología y la etnografía ya que, como Geertz sugiere, el etnógrafo no solamente interpreta personas sino también rituales, instituciones, sociedades y hasta poemas. Sin embargo, una buena interpretación tiene que guardar cierta distancia y dejar a un lado la arrogancia y la admiración del que escribe (18).

Otra condición del discurso etnográfico es aquélla del "yo" autorial el cual se distancia para poder construir un discurso crítico. En los libros de viaje en repetidas instancias ese "yo" se separa mientras nos ofrece detalles que, una vez más, se aproximan al discurso etnográfico. Ese "yo" autorial que figura en los relatos modernistas se asemeja a un "informante" que se encuentra haciendo trabajo de campo y describe en una forma detallada los pormenores de sus observaciones. En ese sentido, el literato hispanoamericano es como el etnógrafo quien conscientemente produce una distancia desinteresada. Como lo sugirió Crapanzano, de hecho la presencia del etnógrafo no transforma la manera en que pasan las cosas, más bien, lo que cambia es precisamente el modo en que éstas son observadas e interpretadas. Tanto su neutralidad como su objetividad tienen más bien que ver con el interés, digamos, su intención y su necesidad de construir un discurso lo más fiel posible y al mismo tiempo establecer una conexión entre él y sus lectores o interlocutores. Al mismo tiempo, debe de mantener una distancia apropiada entre él y los eventos "extranjeros" de lo que es testigo (53). Si la voz autorial del discurso etnográfico toma su posición dentro de un campo discursivo neutro al mismo tiempo que está condicionada a establecer un lazo con sus lectores, una forma de crear ese vínculo es por medio de comparaciones que estén relacionadas con el imaginario cultural de los lectores. Como veremos, tal estrategia será una constante en los relatos de viaje.

Entablar un diálogo interactivo con los sujetos que se estudia, por otra parte, es a su vez, una exigencia del discurso antropológico y etnográfico. Crapanzano, quien escribe a propósito de Geertz y su experiencia en Bali, lo critica por distanciarse de la gente que describe y, sugiere que, mientras es importante entablar un diálogo con el lector, también es imprescindible presentar experiencias dialógicas, digamos, diálogos e intercambios con el sujeto de estudio. De otra forma, se corre el riesgo de que aquéllos representados parezcan simplemente "figuras de cartón" (71). Los textos modernistas, sin embargo, muestran una rica amalgama de experiencias e interpretaciones donde la voz autorial actúa con toda libertad ya que aparece como una especie de vaivén, cuando desea interviene en la acción y en ocasiones prefiere mantener cierta distancia de los eventos que narra.

Una de las estrategias en las cuales el autor puede apoyarse para interpretar una cultura es aquella de la traducción. Traducir a partir de textos primarios —en este caso, textos orientales como fueron los periódicos en varios casos o los libros de arte— es también una forma de entablar un diálogo cultural.[3] En un nivel, el viajero "conversa" con la autoridad que éste cita; en otro, la cita o textos una vez traducidos, reproducen cierta armonía que se combina en torno al imaginario cultural de los lectores hispanoamericanos. Como sugirió Walter Benjamin, el lenguaje de la traducción debe ser oscilante para que le pueda dar su voz verdadera al "intentio" del original. De esta forma el texto traducido coincide armónicamente y sirve de complemento al lenguaje del "intentio" mientras que al mismo tiempo se puede expresar por sí mismo.[4] En contraposición al fenómeno que Said juzga en relación a los viajeros europeos quienes, de acuerdo al crítico, sólo se citaban unos a los otros, los relatos modernistas, como mencioné antes, citaban a textos orientales. Said sugiere que los orientalistas europeos se copiaban entre ellos mismos y que el viaje de Nerval al Oriente parecía el de Lamartine y que éste citaba a Chateaubriand y así sucesivamente (*Orientalism* 176). Por lo tanto, el discurso de viaje modernista se destaca por su singular énfasis de querer llegar a alcanzar un entendimiento más profundo al tomar los textos orientales como punto de partida mientras que retaban los textos europeos cuando no estaban de acuerdo con sus puntos de vista.

En ocasiones, los relatos introducen lenguas extranjeras. Escribir en el idioma del Otro es también una manera de otorgarle la voz a ese Otro. Como Ashcroft, Griffiths y Tiffin propusieron, las palabras que no se traducen tienen una importantísima función porque marcan la diferencia en el sentido en que inscriben cierta experiencia cultural la cual no se quiso reproducir y cuya diferencia se hace válida con la nueva situación (53). Los textos modernistas marcan precisamente esa "diferencia" y marcan una "nueva experiencia" en el imaginario cultural hispanoamericano. En repetidas ocasiones se representa un diálogo donde el escritor se niega a traducir las palabras extranjeras. Esta es una forma de presentar al lector parte de otra cultura a través de otra lengua al mismo tiempo.

En suma, los procedimientos de los relatos de viaje modernistas se adhieren al discurso etnográfico y antropológico ya que muestran el afán de los escritores de trascender diferencias geográficas, nacionales, raciales, religiosas y sociales. Asimismo, y aún más importante, es que los relatos manifiestan la actitud de los viajeros hacia otros viajeros contemporáneos, presentan diálogos textuales con europeos, y marcadamente subrayan su crítica del colonialismo y la complejidad de las relaciones de poder. Es decir, como veremos, en ocasiones los europeos son presentados debajo de los orientales y por lo tanto, las jerarquías y oposiciones binarias que son ineludibles en los análisis de textos que tienen una relación con un poder colonial se pueden ver en un orden mucho más complejo. Aparte de ofrecer una alternativa a la preponderancia de relatos de viaje europeos, los textos elucidan semejanzas y diferencias en cuanto a la aproximación al Oriente en aquella época finisecular.

Ambrogi, Gómez Carrillo, Rebolledo y Tablada en Asia

El discurso de viaje modernista inscribe un diálogo cultural al cederle la voz a sujetos orientales. El espacio textual donde se le otorga la voz al oriental hilvana una especie de tapiz que nos enseña a través de la complejidad de sus tejidos y matices interacciones que forman un encuentro diverso y dialógico. Tal encuentro cultural entre dos sujetos "marginales" sugiere que la "marginalidad" es un concepto ideológico y relativo que ha surgido a partir de un discurso que se adhiere únicamente a experiencias gobernadas por cierta autoridad imperial. Por lo tanto, la textura que elucida este encuentro y diálogo es una alternativa a la rígida estructura asimétrica que sugiere el concepto de "centro-periferia" y al modelo teórico de la transculturación que se lleva a cabo en las "zonas de contacto" que sugiere Pratt. La condición de inscribir la "voz" del oriental es, asimismo, una forma de construir una distancia crítica en relación a uno mismo. Tal recurso retórico se repite en todos los relatos que aquí analizo.

Una de las experiencias más insólitas es descrita por Gómez Carrillo en su libro *De Marsella a Tokio: sensaciones de*

Egipto, la India, la China y el Japón [1906]. Este prolífico escritor guatemalteco vivió en París y desde allí escribió crónicas para diferentes diarios hispanoamericanos además de una gran cantidad de estudios sobre interpretaciones culturales.[5] Su relato de viaje del que aquí me ocupo sobresale por su crítica al colonialismo europeo de los entonces colonizados Ceilán (61–81), Indochina (93–125) y también Egipto (35–57). Sus conocimientos históricos, religiosos y filosóficos del Japón (139–263) dan paso a la elaboración de una crítica cultural profunda y detallada que se adhiere a los procedimientos del discurso etnográfico. Como el título de su relato lo indica, Gómez Carrillo comienza su viaje en Marsella y termina en Tokio. Lo interesante es que su recorrido fue hecho inmediatamente después de terminar la guerra ruso-japonesa. Como Japón ganó la guerra, el escritor se dirigía hacia una nueva potencia oriental. Ese hecho influyó de una manera impactante a que cuestionara los poderes coloniales a través de su viaje. Al mismo tiempo, se ocupó de darle la voz a los orientales y en esa forma presentó diferentes puntos de vista. No sería arriesgado decir que su libro es una crítica al colonialismo europeo aunque claro, esto no quiere decir que no respetara a los europeos sino que más bien era crítico de las transformaciones del mundo moderno.

A bordo del buque que traslada a Gómez Carrillo hacia el Lejano Oriente, el escritor establece una conversación con un chino que no es "vulgar, un mercader, un banquero, no, ni siquiera un diplomático, sino un sabio chino, un chino doctoral . . ." enfatiza (25).[6] El encuentro ocurre en un lugar neutro, el océano, espacio que no le pertenece a ninguno de los dos. Resulta emblemático que esta experiencia sea una de las que inauguran el texto. Acaso el océano, espacio indefinido, figura como reflejo del texto que está por escribirse y por cederle la palabra a voces jamás antes inscritas a partir de una experiencia real en textos hispanoamericanos. Las aguas del océano operan como un lugar simbólico donde no existen fronteras culturales o lingüísticas. Ese espacio indeterminado por las corrientes, esa suerte de no-lugar (no porque se trate de una utopía) inaugura la conversación y la inscripción de la palabra en el texto.

Gómez Carrillo le cede la palabra a un chino sabio quien hablaba "todas las lenguas europeas" y sobre todo el idioma

Capítulo dos

español (25) y que además estaba escribiendo una obra donde mostraba que "la América toda fue quizás descubierta no por Cristóbal Colón, sino por un navegante chino" (26). Es a través de la lengua materna que el guatemalteco se dirige al docto chino. La lengua opera, por una parte, como hilo que conecta y permite al viajero regresar aunque sea simbólicamente, a sus propias raíces. Por otra parte, es a través de su lengua, emitida por otro, que lo distancia y lo hace reflexionar sobre sí mismo y sobre su lugar de origen. Desde ese momento el viaje hacia el Este le ofrece la oportunidad al viajero de cuestionar su propia historia y por consiguiente de mirarse con una nueva perspectiva. El espacio temporal y lingüístico, es decir, el espacio de la representación que le cede al otro permite inscribir en el texto una nueva alternativa a los orígenes del descubrimiento. Asimismo, donde los dos entablan una conversación no es ni en China ni en América y es aquí donde la representación se subvierte al canon. No se trata del discurso colonial escrito en Europa ni tampoco de un discurso contestatario sino más bien de un nuevo discurso emitido por un oriental que funda un nuevo espacio y una nueva mirada. A manera de analogía, este fenómeno también lo nota González Echevarría en uno de sus estudios sobre Alejo Carpentier donde señala que, Carpentier, cada vez que regresaba a Cuba notaba algo nuevo que había pasado por desapercibido antes de salir de la Isla. Esa distancia tanto física como mental es crucial ya que la separación es la única cosa que nos da un espacio para reflexionar ("Literature and Exile" 128).

De la misma manera, el estudioso chino que encuentra Gómez Carrillo se había distanciado de su China natal y comenta que desde hace siglos había una conexión íntima entre China e Hispanoamérica y añade, "yo, por mi parte he notado que el calendario mejicano y el chino son idénticos" (27). También expresa sus conocimientos religiosos y filosóficos sobre esas dos regiones al señalar que "la transmigración de las almas, las atribuciones de las divinidades domésticas, los amuletos, la creencia en que el dragón devora al sol en sus eclipses, las reglas monásticas, que son idénticas en la China antigua y en el antiguo Méjico" (27). Con aire autorial aunque modesto, el comparatista amplía: "yo no creo nada. Yo busco. Yo estudio.... En Méjico y en California he vivido veinte años, buscando siempre pruebas que me ayuden a creer" (27). Dialogar sobre el pasado es una forma de cuestionar la historia, de ver las raíces e identidad propia con otra perspectiva. Esta vez, la "voz" y autoridad del "docto" chino les permite a ambos viajeros reflexionar sobre su pasado y da paso a un diálogo abierto donde se intercambian ideas desde puntos de vista aparentemente marginales.

Cuando Gómez Carrillo pasa por Egipto donde desembarca por un par de días, le vuelve a dar la palabra a otro sabio, esta vez se trata de un juez. El magistrado utiliza esta ocasión para dar su opinión sobre la historia de Egipto y sobre la colonización europea entonces preponderante en ese momento. En cuanto al antiguo Egipto subrayó que todavía "no estaba muerto. Los musulmanes y los ingleses han podido dominarlo pero no transformarlo. Un soplo nacional fuerte, bastaría para hacer desaparecer los turbantes y los cascos coloniales" (36). Hablando estrictamente del colonialismo, el juez aceptaba que los ingleses habían impuesto sus ideas de justicia y las ponían en práctica. Según él, a ellos se les debía la supresión del látigo y de los trabajos obligatorios (38). Sin duda alguna, el juez nunca llegó a aprobar el colonialismo francés. Estas voces y sus respectivos puntos de vista son importantes no sólo porque "hablan" del colonialismo a partir de un colonizado sino porque también se pueden comprender las pugnas entre europeos dentro de un mismo país. Es decir, la Gran Bretaña se había aliado con Japón cuando éste último atacó Manchuria y ganó la guerra contra Rusia (1906). Y, como Gómez Carrillo viajó al Oriente inmediatamente después, la transcripción del diálogo con el egipcio parece más bien ser un elemento suasorio para convencer al lector lo bueno que eran los ingleses y lo malo que habían sido los franceses. En todo caso, en las dos conversaciones que el escritor decide transcribir no solamente hablan tanto el chino como el egipcio sino que esa es precisamente la oportunidad de subvertir la historia de la conquista y de atacar el colonialismo europeo.

Tablada también le dará la voz al oriental al describir a sus lectores de la *Revista Moderna* su participación en una ceremonia de té. Las crónicas que Tablada escribió desde el Japón fueron decisivas en la carrera del escritor. Sus conocimientos de estética, filosofía, religión, historia y literatura de aquel país ya se hacen patentes en su interpretación cultural que se manifiesta en las crónicas. El viaje del poeta al Japón fue importantísimo porque cimienta las bases de una larga trayectoria interpretativa sobre aquel país y también funda una de las bases más esenciales del orientalismo latinoamericano.

En la ceremonia de té a la que Tablada asiste, nos encontramos ante la presencia de Miyabito, persona que el mexicano admira por ser "un refinado, un verdadero esteta, iniciado en los secretos del arte de su prodigioso país" (69) quien le explica la filosofía que hay detrás de tal solemnidad. El escritor acude al recurso tradicional discursivo de la elaboración de preguntas y respuestas; estrategia que le sirve para darle la palabra al filósofo y esteta: "¿Sabéis cuál es el origen del thé? . . ." (75),[7] pregunta Miyabito al viajero. Después Tablada transcribe lo enunciado por el esteta japonés: "pues he aquí cómo nació según Miyabito y la tradición de su lírica tierra adonde todo está ennoblecido por la leyenda" (75). Análoga a la experiencia descrita por Gómez Carrillo, el mexicano toma como punto de partida una autoridad que ofrece su punto de vista y su conocimiento. El hecho de cederle la voz a otro "sabio" es, asimismo, una forma de identificarse e ilustrar la posición del intelectual modernista. Es decir, el acto de elegir transcribir una voz autorial abre el texto modernista a un intercambio cultural e intelectual.

No en todos los casos se les da la voz a intelectuales. En *Sensaciones del Japón y de la China,* Ambrogi dedica un capítulo a su experiencia con un japonés, Nobu, un chofer, con quien visita los famosos templos de Nikko (59–67). Aunque este libro es el único relato de viaje del escritor salvadoreño, es sorprendente cómo se identifica con las ideas de Gómez Carrillo.[8] Por ejemplo, hay una conexión íntima con lo expuesto por el escritor guatemalteco en cuanto a su crítica del colonialismo europeo y occidentalización/modernización del Oriente, su conocimiento de la cultura japonesa y la introducción del idioma japonés y diálogos tanto con orientales como con europeos. En su libro de viaje, el salvadoreño admira y respeta a su chofer. Su conversación con éste elucida cómo un japonés de esa clase vive y piensa. En la medida en que se puede, Ambrogi dialoga con él en japonés, hecho que manifiesta el afán del escritor de querer conocer con mayor profundidad la cultura de aquel país.

Como mencioné antes, las citas que surgen a partir de textos orientales juegan un papel importante. Tablada, quien con profundo fervor admiraba el arte oriental, elabora una lectura ecfrástica de pintores japoneses como Motonobu Kano y el escultor Eshin (43). Su recorrido por el Japón le ayuda a conocer y dar a conocer pintores que nunca antes se habían nombrado en América Latina: "Okusai, el pintor panteísta 'el viejo loco de dibujo'; Hiroshigué, el divino paisajista" (100). Asimismo, cuando describe a sus lectores libros de ilustraciones famosas entre los japoneses de aquella época, señala: "entre los ilustradores tiene en primer lugar sin duda Kadjita Han-Ko, discípulo del inmortal Yosai" (98). El acto de describir un cuadro y nombrar al autor es una manera de divulgar el arte de aquella región. Después de nombrar a Han-Ko, por ejemplo, describe una de sus ilustraciones en una prosa poética. Pareciera que nos encontráramos ante un pergamino donde se combina la expresión pictórica con la escritura: "por una gran llanura de nieve va la cigarra con los sonoros élitros raídos y en la ventana de una cabaña japonesa por cuya puerta entreabierta se ve el orden y el confort, asoma la desdeñosa hormiga cubierta de un traje de suaves y calientes telas" (99). Su atención y descripción de diminutos detalles artísticos en sus relatos de viaje no sólo fue para Tablada "la gimnasia del estilo" como Darío llamó a la práctica de escribir crónicas sino que a partir de esos textos brotan las raíces del *haiku* en el idioma español. Aunque Tablada escribió esa forma de poesía japonesa años más tarde, aquí se ve claramente su anhelo de querer sintetizar un detalle de la naturaleza. El *haiku* se distingue por la economía del lenguaje y revela la emoción humana en un instante. No se trata de una reflexión sobre las cosas, sino de una simple visión de la realidad. Por eso más tarde escribiría contemplando un paisaje natural en el otoño, "entre el polvo de las flores difuntas, podéis encontrar el cadáver de una cigarra, intacto y puro en la muerte, como la pequeña momia de una hada" (128).

Tablada, al igual que un poeta de *haiku* (un *haijin*) pone al ras del alma de los animales y plantas y quien por su herencia cultural sintoísta o budista, siente una profunda simpatía por todo lo animado, una compasión universal. Por eso puede dialogar con todas las cosas de este mundo, captar el mensaje de los seres más insignificantes. Los japoneses ven crecer la vida

Capítulo dos

sobre un trasfondo animista que les hace descubrir instantes de su propia existencia en cada objeto natural. El vate japonés Basho, quien era también en aquel entonces un desconocido en América y Europa, inspira tanto al mexicano que traduce por primera vez al español sus versos: "Basho el poeta, exclamaba: 'El invierno se avecina. Los copos de la cadente nieve son ya bastante pesados para inclinar las hojas del gladiolo'" (145). Desde aquí es obvio que ya comprende la esencia del *haiku* en cuanto a la economía verbal, un instante captado en una experiencia inusitada sobre un pequeño elemento de la naturaleza, la alusión a la palabra de estación como es "el invierno" —básico en el *haiku*— pero todavía no puede lograr la distribución silábica que consta de 5-7-5 respectivamente.

También traduce Tablada a la escritora clásica Shikibu Murasaki :

> La manga de mi vestido
> que el llanto llegó a empapar,
> contempló un desconocido
> y ¡ay de mí! no he conseguido
> que tú me vieras llorar! . . .
>
> (137)

Estos versos están escritos a la manera de *tanka* (canción corta que consta de tres versos de 5-7-5 sílabas y en seguida, de dos versos de 7 sílabas cada uno). Como es fácil de notar, Tablada no se adhiere a la composición silábica aunque sí captura el sentimiento de la mujer. En japonés no se rima. Lo importante es la forma. Murasaki fue la escritora de *Genji monogatari* [1021] —de acuerdo a los japoneses esta es la novela más antigua del mundo. Aquí el viajero y poeta se inclina por rimar y aunque este acto es opuesto a los principios de la forma japonesa, aún así se capta el mensaje. A través del lenguaje se interpreta el vestido —aunque se trate realmente de un kimono antiguo con una "manga larguísima," el detalle de ésta misma, "empapada" sugiere que la cortesana está sentada limpiándose el llanto con el kimono. La tristeza de la dama se intensifica con el uso de exclamaciones y la intensidad de la rima. Lo que más llama la atención es que Tablada ya estaba consciente de diferentes formas poéticas y esos autores clásicos. Aunque le tomó 19 años de entrenamiento para poder escribir su propio *haiku* con la publicación de *Un día* [1919], lo interesante es que el viaje es el que le abrió los ojos a nuevas formas poéticas que más tarde aplicó al idioma español.

Las citas y sus respectivas traducciones no se limitan a cuestiones estéticas. A Gómez Carrillo le preocupaban los temas sociales, políticos y económicos del Japón. Repetidamente se preocupaba sobre temas de actualidad. Curiosamente, las citas que elige tienen que ver con la internacionalización de ese país. Al aludir al catedrático Tomiso Kwajin, describe su ámbito de crear una "Exposición Internacional para hacer conocer a los extranjeros los progresos del Japón" (196). Consecuentemente, el guatemalteco enumeró los planes del jurista Shingo Nakamura, quien proponía construir temporalmente una ciudad japonesa en Europa para que el mundo viera lo que era la "raza privilegiada japonesa" y para que pudieran ejercer alguna influencia en el occidente (196). Enaltecer el progreso de Japón era una forma de pronunciar sutilmente que el proyecto de modernidad no era único para Europa. Por eso, se citó al místico Shicho Jidai quien dijo que las civilizaciones de todos los países debían reunirse en el Japón para que éste dotara "al mundo de una civilización única y verdadera" (218). Claro está que Gómez Carrillo hace alusión a autoridades que se vanaglorian por haber ganado la guerra. No solamente eso sino que a escasos treinta y cuatro años de haberle abierto las puertas al mundo occidental, Japón asciende a ser potencia mundial. Lo que no se puede negar es que los relatos de viaje modernista ya desde entonces reflexionaban sobre nociones estrictamente eurocéntricas mientras que sacaban a la luz nuevas ideas y nuevas formas de percepción.

También se aceptaban opiniones de autoridades japonesas que giraban en torno a su visión y construcción de identidad. Gómez Carrillo cita otra vez a Jidai quien afirmaba que Japón era el "centro del mundo":

> Toda cosa organizada tiene su centro . . . y por lo mismo la tierra debe tenerlo. Ese centro es el Japón, que ocupa aquí abajo el lugar que el sol ocupa allá arriba. . . . La joven América, rica de sus progresos y más rica aún de su porvenir, no puede menos de creerse el centro del globo; pero es demasiado grande para ser un centro. (219)

Capítulo dos

Su concepción del mundo se contrapone a la noción tradicional eurocéntrica. Se trata de una afirmación, a partir de un intelectual japonés, que manifiesta que la noción de "centro" y "periferia" es relativa. Nótese cómo mientras el místico se apoya en creencias religiosas sintoístas al colocar a Japón directamente "abajo del sol," también quisiera otorgarle un lugar de pertenencia a la "joven América." Aquí sutilmente se recrea en otra forma el espacio de representación. Es decir, así como al principio del texto se transcribió la conversación con un oriental que decía que América fue descubierta por un chino, aquí se acude a la representación del cosmos en torno a leyendas sintoístas donde la diosa del sol es la más importante figura del panteón japonés. La religión sintoísta estaba (y está) todavía muy arraigada a la sociedad, por lo tanto se establece un lugar de pertenencia basándose también en el pasado. Por otra parte también selectivamente se le crea un espacio de pertenencia a América. Más adelante, una vez más, se cita a Shicho quien dijo que desde el punto de vista geográfico, Japón estaba "situado en el límite del mundo occidental y del mundo oriental, dominando el más grande océano" (219). Como en todo proyecto de escritura, las citas no se toman al azar. Sin embargo, el relato de viaje modernista suele destacar la importancia de instalar una conexión no sólo entre Hispanoamérica y el Oriente sino a un nivel mucho más amplio. Es por eso que Gómez Carrillo abiertamente cita a Shicho para quien Japón no solamente era el "centro del mundo" sino un universo propio y separado del mundo entero.

Para el viajero, desplazarse a una tierra antes desconocida y escribir sobre lo inmediato no es suficiente; éste lee, se informa y reconoce que ese mismo acto le permitirá conocer más a fondo la cultura en cuestión. Una forma de interpretar la cultura tiene que ver con la lectura, análisis y presentación de historia y literatura. La introducción de historias enmarcadas es una forma de hacer una especie de reseña a la que se le añade una opinión y/o una crítica y de la cual se aprende durante el proceso de interpretación. Gómez Carrillo cita, parafrasea y cuestiona la historia de Ceilán tal como se presenta en uno de los textos canónicos ya que "por encima de todas las lecturas modernas surge, alucinador, el divino libro de las mentiras, el bello romancero de esta raza de leyes y de santos, el *Mahaavansa*

Los viajeros modernistas

sagrado," escribe (82). Irónicamente el escritor llama al texto "libro de las mentiras." Por otra parte, sin embargo, lo elogia, lo admira y reconoce su valor cultural e histórico para los nativos al añadir que "no hay en las literaturas occidentales un poema de igual significación nacional" (82). Mientras admira el estilo de la prosa inscrita en el texto, su interpretación hace alusiones sutiles en torno al mito clásico Occidental del fénix al utilizar la siguiente metáfora: "de sus frases surgen, como de una ceniza muy espesa, las maravillas de las eras prestigiosas. Es al mismo tiempo una crónica y un evangelio" (82).

Después de citar fragmentos del *Mahaavansa,* el escritor va intercalando a la historia que analiza su propia visión. Es decir, construye una especie de cuento ficticio a partir de la historia escrita. En sus propias palabras introduce la historia casi en forma de cuento al enunciar que había un rey que:

> amaba los perfumes, las séderías, las piedras preciosas y las flores. Su historia, en ciertos pasajes, es un inventario de riquezas y de esplendores. En sus mantos brillan las gemas variadas de todas las minas índicas. Sólo de perlas llevaba a veces centenares de variedades—perlas blancas, *no como las que nosotros conocemos* y que en realidad tienen reflejos y matices de aurora, sino de una blancura mate, de una blancura cal o de un mármol roto; perlas rosadas, llenas de voluptuosos tintes ... perlas azules, hijas verdaderas del mar y del cielo, con hondos misterios en sus luces; perlas áureas, en fin, como hechas de arenas de oro y de rayos de sol. (84; énfasis mío)

Nótese cómo dialoga con sus lectores al subrayar que las perlas "no [son] como las que nosotros conocemos." Se destaca el hecho que su intención es "interpretar" lo que no tenía lugar dentro de los horizontes culturales de sus lectores. Asimismo, su irresistible deseo de presentar una escritura estilizada (o "preciosista" como algunos críticos la llamarían) subraya su afán de enseñar de acuerdo al tradicional concepto de "enseñar deleitando."

Por otra parte, Gómez Carrillo toma en cuenta que la historia es un fenómeno que implica una serie de transformaciones drásticas. Sin embargo, con una metáfora que pareciera haber sido escrita para un público oriental ilustra que "la bendición

47

Capítulo dos

de Budha lo embellece todo, lo enriquece todo. Las dinastías pasan admirables de magnificencia. Las edades sin prisa, en una amplia marcha de elefantes, van transcurriendo" (90). Aquí se invierten los papeles al escribir de acuerdo a una metáfora y a un lenguaje que sería mejor percibido por un nativo de Ceilán. Al final de esta parte de su relato condena la presencia europea en la historia de ese país. A la luz de su mirada la historia va cambiando su rumbo:

> los europeos aparecen al fin. Y entonces, sorprendidos como en medio de un divino sueño de poderío sin fin, de riquezas infinitas, de pompas eternas, los hijos de los antiguos conquistadores vuelven hacia el pasado sus ojos melancólicos, y huyendo de la realidad que los hace esclavos de razas bárbaras, se pierden en la contemplación de sus leyendas, mientras los muros de sus palacios van derrumbándose piedra por piedra. (90)

¿Acaso el crítico se da cuenta que la historia de Ceilán es paralela a los acontecimientos de la conquista de América? Sus descripciones de la historia de Ceilán aluden a un pasado mítico y nostálgico tal como en ocasiones se describen las sociedades precolombinas. En todo caso, sutilmente desaprueba el choque del encuentro con un poder imperial. Y aún más importante es el hecho que se inviertan los papeles al representar a los europeos como "bárbaros" e intrusos no sólo de la historia moderna sino como destructores de espacios físicos históricos al derrumbar los palacios en el presente. No cabe duda que el viaje enriquecía al viajero y le daba la oportunidad de reflexionar sobre su propia identidad.

Aparte de introducir textos históricos, Gómez Carrillo hace un lúcido resumen sobre la novela coreana *Ichun Hyang*, cuyo título traduce como *La perfumada primavera*.[9] Mientras que las historias enmarcadas por Gómez Carrillo tienen que ver con historias clásicas u obras literarias, Tablada transcribe una historia oral que le cuenta un chino, Hengh-Li-So, con quien entabla una conversación en el distrito de Yokohama, Japón.[10] El viaje se vuelve cada vez más un pretexto para indagar aspectos intelectuales y para presentar al público aspectos nuevos sobre otras culturas. En cuanto a la naturaleza tal como se presenta en textos poéticos, el mexicano hace referencia al "Maniefushifú" y de ahí elabora una historia donde personifica al bambú: "y aquel ser habló; sus colores fueron un nuevo encanto en el ambiente encendido. ... ¡Soy la gracia! Mi madera esculpida en mil bajos relieves exorna el santuario de la pagoda y el camarín de la tristeza" (131–32). Aquí Tablada toma el concepto zenista y sintoísta de la naturaleza el cual sugiere que todos los elementos naturales son los únicos capaces de enunciarse por sí mismos. Lo que llama la atención es que se presenta en una forma de cuento o casi de leyenda antigua. Las historias enmarcadas juegan un papel importante en el sentido en que los modernistas, lejos de interpretar todo a partir de su posición desde fuera, tratan de darle sentido a ciertos aspectos culturales orientales a partir de la percepción oriental. Es por eso que lejos de desbaratar mitos y reconstruir su historia con ojos extranjeros, primero resumían y después iban añadiendo, criticando, reflexionando, y por ende, aprendiendo también sobre su propia identidad.

La introducción de lenguas extranjeras es una vertiente que se puede encontrar en todos los textos que aquí comento. Ejemplo de este fenómeno se puede apreciar en el relato de Ambrogi quien inserta frases como las siguientes: "'Sayónara!' 'Sayónara!'. . . 'Yoku irasshaimashita!'" (22). O, "'Kon nichí wa, kuruma-ya-San!'" (36). El viajero se dirige al chofer en su lengua materna: "'Uyeno ye yukimasu'" (37). Ambrogi le deja un campo abierto a sus lectores para que éstos rellenen los huecos aparentemente ambiguos del idioma extranjero. También se transcribieron pequeños diálogos que se dejaron intactos en el idioma extranjero pero que con la ayuda del contexto, los lectores pudieron darle sentido. Ambrogi describe su experiencia con su chofer a quien tanto aprecia antes de salir para Asakusa Kwannon:

>—Issho ni oide-ni-marimasuka?
>—Dokoye oide-ni-marimasuka?
>—Asakusa Kwannon ye marimasu! (59)[11]

El salvadoreño utiliza más palabras en japonés que sus contemporáneos. Por ejemplo, en una sola página utiliza por lo menos unas diez palabras: *kuruma, hikite-tchayas, biwas, shamisen, geishas, maikos, hokanes, musumes, oiranes* (17).[12] Y, a través del libro se pueden encontrar por lo menos doscientas palabras japonesas. Es importante tomar en cuenta que el vocabulario que el escritor decide dejar en el idioma original

Capítulo dos

no está tomado al azar sino que se trata de palabras que perderían su sentido una vez traducidas. Este hecho va añadiendo al imaginario oriental hispanoamericano nuevas ideas y conceptos que de otra forma no habrían tenido el mismo impacto.

Por su parte, Tablada se limita a dejar en japonés uno que otro término: *matzuri* (59), *yashiki* (37), *sammon* (53), *chimchinyoski* (59), *banzai* (27).[13] A veces explica al pie de página el significado del término introducido (34) y en cuanto puede traduce. En una parte enumera nombres comunes femeninos y su significado: "Koaru-San: la fragante; O-Ai: amor; O-Yuri: azucena; O-Tazu: ciguena [*sic*] de arrozal; O-Cho: mariposa; Murasaki Sama: purpura [*sic*]; O-Fuji: Flor de Wistaria; Utaco: poema; O-Bapke: niebla vespertina..." (137). El acto de traducir, en este caso, subraya el proyecto didáctico del escritor quien valora su labor de intérprete para un público moderno que demandaba abrirse a nuevas culturas y aprender sobre el Oriente. El escritor va intercalando vocabulario nuevo a medida que va relatando lo que su mirada contempla. Por ejemplo, al presenciar un festival escribe que "desde el día anterior los *chimchinyoski* (pregoneros) vestidos con su corta enagua obscura y tocados con enormes sombreros semejantes al salmo de un kiosco... el *matzuri*, el festival religioso... el *chinchin* se acercaba sonando su tímpano argentino" (59). Incluso, sorprende el uso de la onomatopeya "chinchin." Tal sonido surge de la forma fónica de acuerdo a la experiencia acústica en el idioma japonés.

Rebolledo, escritor mexicano, quien viajó por poco tiempo al Japón, escribió desde allá un breve relato titulado *Nikko* en el cual ofrece sus sensaciones de ese lugar.[14] Como los otros escritores que comento en este capítulo, llega al grado de traducir proverbios como el siguiente:

> *Nikko wo minai uchi wa*
> *keko to iu na.*
> (No puede decir magnífico
> el que nunca ha visto Nikko.)
>
> (159)

Quizás más que ningún otro escritor, Rebolledo traduce por medio de citas al pie de página. Incluso trata de "dibujar" el alfabeto japonés en el texto al describir cómo una japonesa, la "señorita Nieve traza sobre el papel de arroz las elegantes sílabas del *hiragana*" (163). Aquí describe uno de los tres alfabetos del idioma japonés, la *hiragana* (los otros dos son *kanji,* adaptado de la escritura china y *katakana,* que se usa para los nombres extranjeros) a partir del español. El texto se convierte en una especie de palimpsesto donde se entrecruzan dos formas de escritura y ese espacio textual actúa como reflejo del discurso ecléctico.

Anteriormente comenté varios diálogos textuales entre modernistas y orientales. Sin embargo, cabe aclarar que también se entablaron diálogos con otros extranjeros. Como en toda escritura, las citas y alusiones a otros textos son estrategias tomadas selectivamente para sostener un punto de vista y, por lo tanto, contradicen o elogian a sus antecesores. El simple hecho de seleccionar a cierto autor y no a otro ya abre paso a cuestionamientos y nuevas perspectivas en torno a sus contemporáneos o antecesores. Tablada, quien profundamente admiraba a José María de Heredia, hace alusión a él desde sus primeras páginas. Los paisajes del Japón lo hacen recordar a las descripciones que ilustra de Heredia en "El corredor" (18). Asimismo, le entusiasma la influencia del arte japonés en el Occidente, tanto en Europa como en Hispanoamérica. El hecho que el arte japonés estuviera contribuyendo a formar una cultura mucho más abarcadora le permitía distinguir, por ejemplo, la influencia de éste en el arte europeo:

> la influencia de ese arte de intenso carácter y de sutil sugestión ha avivado en los artistas europeos el estudio de la flora y de la fauna mínima, llevando nuevos elementos a la ornamentación y al decorado, otros factores que no son la eterna hoja de acanto de los capitales o la cara de león de las gargolas [*sic*] clásicas, ni el bestiario monstruoso o la intricada vegetación de la época ojival. (92–93)

El crítico y esteta era capaz de percibir las contribuciones del arte japonés que daban lugar a un arte auténticamente ecléctico. De igual manera, con su habitual lucidez es capaz de contraponer la estética oriental con la occidental. Para él, de hecho, el arte japonés se estaba imponiendo en el arte de Occidente ya

Capítulo dos

que estaba modificando tanto la decoración como los puntos de vista del paisaje y "estaba llegando a influir en la figura humana aun en el retrato" (92).

En ocasiones la crítica no era tan positiva en cuanto a las citas que los viajeros elegían. Más de una vez, Gómez Carrillo desaprobaba a Rudyard Kipling por haber creado estereotipos sobre todo en torno a los japoneses. Lo peor no era tanto el haber formado moldes sino que quizás lo que más se lamentaba es que ciegamente, los escritores viajeros contemporáneos repetían lo que su antecesor Kipling había escrito (141). El modernista nos ofrece una visión diferente a la realidad que figuraba en el discurso europeo. Rebolledo atraviesa por la misma experiencia ya que aprende con desilusión que el paisaje que ha leído en libros de viaje del escritor francés Pierre Loti es muy distinto al que su mirada contempla. Al llegar a Nikko, con un tono triste, se dice a sí mismo:

> requiero mi libro en octavo de forro amarillo que resulta ser las *Japonerías de otoño* de Pierre Loti, y me acuerdo, no sin ser bañado por una onda melancolía, que hace mucho tiempo, en una época en que no me imaginara al menos venir al Japón, allá muy lejos, en el terruño ahora distante miles de millas, leí con fruición ese propio libro, saboreando goloso su rareza, y siempre bañado por la misma onda melancolía, ábrolo en el capítulo sobre Nikko. ¡Cuánta inexactitud! (175)

Por la misma vertiente, Ambrogi en su viaje presencia el paisaje japonés y lo compara con el que previamente había estudiado en libros de arte oriental y en las descripciones hechas por Loti y Lafcadio Hearn. Es allí donde comprueba "hasta qué punto el Japón de las estampas de Nakajima Tetsujiro —llamado el Hokusai— y de Kunisada: el Japón, falsificado por Pierre Loti y divinizado por Lafcadio Hearn, está contaminado de occidentalismo" (34). La realidad que se presenta ante sus ojos no solo había sido "simulada" sino descrita en una forma casi fantástica. A esto se añade el hecho que a esa cultura la percibe "contaminada," por la inevitable transformación que imponía aquella época de cambios.

Las citas les permitía, una vez más, instalar un diálogo textual y cultural que atravesaba las fronteras del Oriente y Occidente. De esta forma, se enriquecían los horizontes culturales de sus lectores y al mismo tiempo se inscribían en un diálogo abierto. Inmediatamente después de la publicación del ensayo *El alma japonesa,* en el cual Gómez Carrillo inserta partes de su relato de viaje, la crítica francesa acude a compararlo con Kipling. Gustave Kahn escribe en el periódico *Siècle* que "*El alma japonesa* es, con las *Cartas del Japón* de R. Kipling, lo que se ha escrito en Europa de mejor informado, de lo más hermosamente pintoresco y de más intuitivo sobre el país Nipón" (citado en *El alma* 7). El modernista, quien en varias ocasiones no había estado de acuerdo con Kipling, por lo menos es visto, de acuerdo a la crítica y a sus lectores, con la misma autoridad que el escritor europeo. Por lo tanto, lejos de imitar a sus contemporáneos, los viajeros fundamentan sus percepciones y opiniones de acuerdo a una perspectiva propia.

El "yo" autorial que se distancia de lo que interpreta se manifiesta en las crónicas de Tablada al ilustrar desde Motomachi, Japón, sobre "un matzuri" o "festival religioso" (como él lo traduce), con minuciosa atención al detalle:

> La multitud va en procesión hacia el templo, mezclándose con los que regresan después de cumplidos sus místicos deberes.... Los devotos ascienden la escalinata de pronunciada pendiente que conduce al templo, al llegar a la terraza lavan sus manos en la cisterna purificadora y luego murmuran una breve oración frente al ídolo de Yasushi Nyorai, la imagen milenaria, esculpida por la imperial mano del príncipe Shotoku el año 610 de nuestra era. O bien los devotos arrojan al interior del sagrario un papel estrujado en que está escrita una oración y suenan tres veces el grande sonoro gong para llamar la atención del espíritu divino. (62–63)

Nótese la detallada descripción de sus observaciones y cómo la enumeración de acciones de los peregrinos va acompañada de detalles histórico-religiosos al hacer alusión el "ídolo" al "príncipe" y a una fecha exacta. En otra crónica titulada "El teatro popular" el mexicano describe una obra con tal detalle que pareciera haber sido escrita por un etnógrafo: "el actor que desempeñaba aquel papel debía ser un ser trágico; la boca y la parte baja de su rostro estaban cubiertas con la máscara de guerra; pero a aquel hombre le bastaban los ojos para agolpar

Capítulo dos

en ellos como en un fanal condensador todos los sentimientos de su alma . . ." (85–86). Tablada no le dice a su lector que la obra corresponde al teatro noo. Más bien se limita a observar y describir en una forma virtuosa lo que sucede en el escenario.

Al introducir el noo en su crónica, Tablada también, implícitamente, estaba presentando diferentes aspectos de la filosofía del zen aunque él nunca lo articuló de esa manera. Es decir, el teatro noo está ligado íntimamente a la filosofía zen y al concepto de la irresolución. Dicho en otras palabras, se trata de la libertad que implica no tener que elegir entre un par de términos opuestos. El zen emplea un elemento para demostrar esta dicotomía: lo que era positivo se cambia a negativo y viceversa. El vacío es la realidad y la realidad es el vacío. El noo es un teatro antiguo clásico que empezó en los siglos XIV y XV. Éste explora tiempo y espacio en formas que no son familiares en la estética occidental y que difiere radicalmente de los conceptos occidentales de lo que es la teatralidad. Hay una voz intensa donde se respira muy poco; las notas solitarias de una flauta ocasional y las periódicas voces que expresan los coros; los tres tambores que tienen variada tonalidad y los bailes que parecen casi cuerpos fantasmales, abanicos, mangas, todo, todo se manifiesta abstracto hasta llegar a una suerte de símbolo. Tablada describe un instante así: "por momentos, en los episodios más patéticos, circulaban por el escenario extraños personajes furtivos con trajes y antifaces negros, que yendo y viniendo ayudaban a los actores á despojarse de un traje, los abanicaban, les alumbraban el rostro en los momentos más pasionales . . ." (86). El escritor quisiera presentar la realidad *irreal* del noo y, más que nada el uso artístico del vacío y el silencio, silencio roto con lo abrupto y con la entrada de los "kuromago" u "hombres invisibles" como él los nombra propiamente.

Un elemento de igual importancia que Tablada menciona en cuanto al noo es el *hashigakari,* una especie de puente que va del camerino del actor pasando por el público y luego al escenario (87). También se ocupó de describir al público el "ritmo" (o más bien el espacio) de la palabra en el teatro. Lo interesante es que Tablada no se percató (o quizás no quiso decirlo) que el noo se escribe en forma de *haiku* (5-7-5 sílabas) como casi todo verso japonés. Aunque claro, en el teatro, el *haiku*

54

adquiere una forma completamente diferente ya que el noo provee un marco sensacional para el poeta dramático. Aquí también hay un sentido del espacio, la intersección de lo intemporal como se manifiesta en esa forma poética. La tensión por representar lo más objetivamente posible parte de la dificultad por llevar al extremo la misma noción de representación, entendida como continuidad entre realidad y signo.

De igual forma, Rebolledo hace una descripción etnográfica de un festejo religioso: "en el festival de Tanabata Sama, que es hoy ... los japoneses ponen esas ofrendas en honor de dos estrellas que se encuentran en conjunción en la Vía Láctea, y que al decir de la fábula son dos amantes infortunados" (173). Con gran precisión, le dedica tres páginas a la descripción del evento mientras incluye datos históricos y biográficos. En esos ejemplos, la voz autorial no interviene en el evento y se crea cierta distancia entre lo que percibe y lo que narra. Por lo tanto nos encontramos ante la misma condición del discurso etnográfico que dicta la producción de un texto a partir de cierta distancia "desinteresada" como sugirió Crapanzano.

Tablada, quien presenció una danza japonesa, acude a ese recurso al comparar la marcada diferencia que encuentra entre la música oriental y occidental. Por medio del lenguaje "reproduce" aquella actuación:

> Comenzó el baile ... pero ¿era un baile aquello? ... La coreografía occidental no tiene más que un eterno efecto de luz y una pobre sugestión sensual. ... Pero lo que en aquellos momentos veíamos, era el enérgico simulacro de un arte poderoso que agotando los recursos de la pantomima se encumbraba hasta la excelsitud de la tragedia misma. La música no se limitaba a escuchar la acción de las bailarinas, sino que parecía asumir una misión propia y de por sí trascendente, aunque armonizada al conjunto. (78)

Gómez Carrillo también recurre a la comparación al elaborar un análisis etnográfico titulado "la risa japonesa" donde detalla una "galería" de máscaras utilizadas en el teatro de aquel país. Al tratar de darle sentido a las caretas que tiene a la vista, Gómez Carrillo añade que sus expresiones "son muecas estupendas en las cuales lo grotesco toma proporciones épicas; son hocicos puntiagudos con dentaduras de roedores y bigotes

Capítulo dos

interminables . . ." (245). Al aludir a las "proporciones épicas" el escritor toma como referente la historia del Japón, aunque añade parte de su universo cultural al compararlas con aquéllas italianas: "y cada una de estas máscaras encarna un tipo grotesco ó risible, diabólico ó simplemente alegre, un tipo creado por la imaginación popular, algo como los Polichinelas y los Arlequines de la comedia italiana" (246). Los símiles le ayudarán a reforzar los lazos que unen al escritor y su público y a la vez la comparación es una condición ineludible del viajero-etnógrafo. Otra cosa que hay que tomar en cuenta es que el guatemalteco vio esas máscaras en el museo. Como se sabe, el museo adquiere un carácter socializador y pedagógico. En ese espacio las máscaras japonesas son la recuperación del pasado y el espacio de representación es nada menos que la legitimación de las perspectivas que desde el museo se proyectan y que a través del escritor se re-representan (valga la redundancia).

En contraposición, en ocasiones la voz autorial se hace parte de la experiencia que describe. La ceremonia de té, a la que ambos Tablada y Ambrogi asisten en sus respectivos viajes, es delineada en una prosa pulida y hasta exquisita. El escritor mexicano —a quien ninguno de sus contemporáneos modernistas lo igualaba por sus profundos conocimientos en relación a la estética y filosofía del Japón— nos elabora paso por paso las particularidades de tal solemnidad. Su escritura, en este caso también "etnográfica," sobresale por la armonía que se configura entre forma y contenido. Lentamente, guiando a sus lectores paso por paso, Tablada "dibuja" los interiores que encontraba a su alrededor:

> Todos los departamentos de la vasta mansión tenían la sencillez característica de los interiores japoneses; esteras albeantes y acolchadas que hollábamos descalzos; maderas preciosas y purísimas cuya fresca virginidad ningún barniz había ultrajado y aquellos ensambles, aquellas junturas de artesones y cornisas sin un solo clavo engarzándose unas en otras por una maravilla de carpintería. (71)

El tono de su escritura nos brinda la sensación de espacio y sencillez la cual se adhiere a los principios de la estética oriental. El poeta elucida la inevitable paradoja a la que se enfrenta la palabra cuando pretende producir un silencio. La frase que

Los viajeros modernistas

alude a las "esteras albeantes y acolchadas que hollábamos descalzos" nos remite al sigiloso sosiego que nos sitúa en un ambiente sereno e imprescindible para la ceremonia.

Desde la preparación del té, las pautas de etiqueta durante la ceremonia, y hasta la importancia de los artefactos son presentados con la sabiduría de un esteta japonés.

> Ya el thé pulverizado, aromoso y sin azúcar que turbura la pureza de su sabor, nos había sido escanciado por el dueño del "yashiki" que lo había minuciosamente preparado según todas las intrincadas reglas de la ceremonia. Para combatir el olor inperceptible [sic] del carbón, habían ardido los perfumes entre cenizas calientes. Una regla indeclinable de etiqueta nos obligaba a cumplimentar al anfitrión sobre la belleza de los innumerables accesorios del servicio del thé. Y lo hicimos sin recurrir a lisonjas hiperbólicas, pues aquellas lacas enfundadas en brillantes brocados eran venerables por viejas y por bellas; los perfumes dignos de arder a los piés [sic] de una reina y aquellas porcelanas estaban ennoblecidas con las marcas ilustres de "Janzan," "Awata" y "Rakú." (78–79)

En un solo párrafo se recrea la armoniosa sincronización de todos los sentidos. La sensación del té en el sentido del gusto, "aromoso y sin azúcar," que dicta la condición de tener que ser "saboreado" a pesar de su acerbo, se complementa con la dulzura de los "perfumes." Después, la palabra oral rompe el silencio necesario de la meditación imprescindible que se debe llevar a cabo durante la preparación y aceptación del té ya que el artista se ve obligado a "cumplimentar" a su anfitrión. Por último, resulta simbólico que el pasaje termine con la alusión a la porcelana, artefacto tan venerado por los japoneses ya que el uso de ésta aún en el sentido práctico ennoblece la vista, el tacto y el gusto. El artefacto primero es "venerado" a través de la mirada, después es palpado y finalmente saboreado al momento de tomar el té. Tablada, consciente de la importancia de la porcelana para esa cultura, llega al grado de nombrar las "marcas ilustres" o sea, los nombres de los alfareros grabados debajo del objeto.

"Al penetrar en el recinto sagrado, una impresión sobrenatural se apodera del alma. La suntuosidad en la delicadeza es alucinadora," escribe Gómez Carrillo al entrar a un templo sintoísta (165). El templo, así como el museo, toma el carácter socializador y pedagógico. Sin embargo, la representación de este espacio se asemeja al reino interior, lugar privilegiado en el discurso modernista. Como Gerard Aching lo articula, el *reino interior* es un lugar común en la literatura occidental y desciende del "*locus amoenus*—or the site, roughly, where nature and the writing subject's self-awareness are mutually and inextricably constituted through a symbolic language. The *modernistas'* innovation and tendency, however, was to situate their contemplation indoors" (28). Durante el modernismo, el reino interior se manifestó a través de templos, castillos, celdas y otros espacios de esa índole. Lo que se llegó pensar era que ese espacio era una suerte de escape del escritor, un tipo de refugio donde el escritor pudo darle la espalda al mundo materialista e insensible en el cual vivía. La experiencia de Gómez Carrillo en el templo japonés, de hecho, es un lugar de refugio al mismo tiempo que es una suerte de *reino interior* aunque la diferencia en este caso es que el templo en realidad adquiere precisamente el carácter pedagógico del museo (lugar público y socializador). Es decir, mientras Carrillo analiza y detalla meticulosamente lo que se encuentra ante su mirada, compara: "como los templos japoneses no son inmensos cual las catedrales cristianas, ni están hechos para multitudes sino para aristocracias reducidas, la vista abarca desde luego los detalles. Por todas partes oros, lacas, marfiles, jades, bronces, sedas, filigranas" (165). El lenguaje "preciosista" como lo habrían llamado otros críticos, más bien refleja la exacerbación del viajero quien se da cuenta que la palabra no es suficiente para manifestar ciertos estados del alma. Por eso, mientras reflexiona escribe:

> sí; la palabra humana no puede nunca traducir esas maravillas de arte, de gracia, de luz, de armonía, de suntuosidad. Decir por ejemplo, que las más espléndidas arquitecturas europeas son miserables si se comparan con éstas, no parece sino una frase. En realidad es algo más, puesto que es una sensación. ¡Pero qué diferencia entre la intensidad con que se experimenta y la palidez con que se expresa! (168)

Una vez más, el viajero condicionado a comparar, alude a "arquitecturas" que son parte de su imaginario cultural; sin embargo, en este caso la desigualdad que encuentra entre el

Los viajeros modernistas

arte oriental y occidental es una estrategia suasoria en esta parte de su discurso. Es decir, el hecho de comparar las "arquitecturas europeas miserables" (por no mencionar las hispanoamericanas) dice mucho de su posición ideológica ante el europeo.

Rebolledo, por otra parte, detalla la arquitectura de un templo mientras mezcla información de un pasado mítico:

> Allende Niomón extiéndese otro patio que se acoda dos veces, guarnecido de linternas de piedra, con su copete de musgo. En los tres pabellones fronteros están guardados tesoros del templo, notándose en el dintel de último dos elefantes, cuya excelencia estriba en que tienen al revés las articulaciones de las rodillas. Ese árbol protegido por una barandilla de piedra, fue un árbol enano que el gran yeyasu acostumbraba llevar en su palanquín, y junto piafa un palafrén que los romeros regalan con diminutos platos de granos, en tanto que en el costado de la sagrada caballeriza gesticulan los famosos *san biki saru,* los tres monos que con sus emblemáticas actitudes predican que no se debe ver, ni oír, ni decir nada malo. (169)

La actitud de esos viajeros sobre todo se destaca por su ardua labor crítica e investigación sobre lo que presentan. Se trata de un discurso etnográfico. Los escritores indagan con profundidad en asuntos estéticos, religiosos y filosóficos. Lejos de escribir con prisa y superficialidad, el modernista observa, estudia, pule su prosa aún con la demanda de tener que escribir con la rapidez que exigía el periódico, como es el caso de Tablada.

La crítica en contra del colonialismo todavía vigente en algunas partes de Lejano Oriente es un asunto que les preocupaba a los intelectuales modernistas. Asimismo, la europeización de esa parte del mundo era causa de su desaprobación. El viajero siente desilusión al ver la rápida transformación producto de una influencia europea. Incluso, siente la nostalgia de un Oriente que jamás conoció. Los japoneses modernos "van y vienen vestidos con el traje nacional que profanan ridículos sombreros europeos," les critica Tablada (31). Ambrogi tiene la misma impresión:

> nuestros ojos se fatigan de ir de una a otra tienda entre tanta cosa bella. Pero a este paraíso del arte japonés, ¡ay! un infierno de vulgaridad occidental . . . los "nipones" van a

Capítulo dos

> surtirse de cuellos postizos, de pañuelos, de camisas escocesas, de corbatas de tintes rabiosos, de sombreros de fieltro, de guantes, de bastones de mangos demasiado ridículos.
> (76)

La "vulgaridad occidental" que el viajero encuentra al ver el consumo de mercancías europeas tiene que ver con el hecho de que el viajero quisiera encontrar un Oriente casi idílico y sin rastro de "contaminación" occidental.

Con gran sentimiento, Gómez Carrillo manifiesta que los valores japoneses están cambiando. En una parte de su relato se refiere al espíritu público y subraya que "por desgracia, los partidos políticos se empeñan en disminuir la nobleza de este gesto [japonés], obligando al pueblo á obrar á la manera europea, á la manera *yanqui,* á la manera del comerciante moderno . . ." (194–95; subrayado en el original). De igual forma critica el hecho que Shiga Juko, un agrónomo japonés, sugiera que es importante ornar la capital de su país con "una avenida de estatuas de mármol en honor de los grandes 'hombres de esta época'" (96). Y se pregunta:

> ¿De esta época? Ya en algunos jardines las figuras extravagantes de caballeros de bronce con levitas y sombreros de copa hacen sonreír á los japoneses y reír á los extranjeros. La única estatua agradable es la que, en el recinto de la ciudad imperial, representa á un guerrero antiguo á caballo.
> (197)

No cabe duda que el viajero siente que la europeización se hace patente hasta en la arquitectura de la ciudad. El guatemalteco siente nostalgia por un pasado inmediato libre de huellas occidentales.

La ciudad de Kioto, la antigua capital, es la única que mantenía el carácter tradicional del Japón de acuerdo a Ambrogi. En ella el viajero encuentra casi un refugio por ser un lugar que encuentra todavía legendario. Se regocija: "'¡Qué lejos, qué lejos este hotelito, limpio, alegre, pacífico, de las ridículas pretensiones del Imperior [*sic*] Hotel de Tokio, o del britanismo insoportable del Oriental Hotel de Kobé! Japonés, japonés por sus cuatro costados, japonés sin la menos mácula de occidentalismo" (86). Parece ser que quisiera huir de toda huella occidental hacia un lugar cálido que le ofrece amparo. En ese

Los viajeros modernistas

sentido, el viajero manifiesta la sensación que aparece como una constante en la textualidad de aquel fin de siglo: transformaciones drásticas que iban a la par con el progreso y la inevitable percepción de una realidad fragmentada y caótica.

La industrialización y el fugaz movimiento de Shanghai que Ambrogi presencia es visto con desconocimiento aunque admite que tal fenómeno transformador es una especie de filtro de los Estados Unidos:

> Estoy en Shang-Hai, en el famoso Bund; y al hacerlo, creo pisar de nuevo el asfalto de Market Street. El mismo apretujamiento de colosales inmuebles. El mismo ensordecedor movimiento de "trams" eléctricos; la misma nube de autos apestantes, y de motociclos detonantes como petardos; el mismo enjambre de ciclistas; las mismas filas interminables de grandes camiones rechinantes bajo el peso de los bultos apilados. (109)

El hecho de comparar la modernidad ineludible con la europea o americana no significaba que América Latina estuviera viviendo un atraso en relación a esas otras dos regiones sino que como he sugerido antes, la condición inevitable del viajero es encontrar conexiones que lo ayudaron a comprender mejor el mundo en que vivía. En este caso, el viajero compara los elementos que no le parecen atractivos con aquellos europeos/norteamericanos y los utiliza como estrategia para evitar admitir que Hispanoamérica también sufría las transformaciones que exigía el fin de siglo. Por eso Gómez Carrillo dice desde Ceilán "en las ciudades las actuales generaciones indígenas son dignas de rivalizar con los europeos en lo que a la inteligencia y laboriosidad se refiere" y añade que los empleados de las fábricas, los bancos y las oficinas todos son del país mientras que los extranjeros son únicamente los directores e ingenieros (70). En esos ejemplos se puede ver el choque y la rapidez de la modernidad. Lo más curioso es que los viajeros no esperaban encontrar un continente asiático tan desarrollado, tan avanzado. Es por eso que el choque parece ser doble. Tampoco quizás nunca se imaginaron que Singapur era (y es) uno de los más avanzados. El guatemalteco dice "en los talleres, en las fábricas, una actividad de 'colmena reina,' y en la Bolsa hay tanto movimiento, que ni Nueva York podría dar á esta ciudad lecciones de fiebre de oro" (96).

Capítulo dos

La crítica a la europeización, y por ende, a la americanización, está íntimamente ligada a la refutación del modernista por el colonialismo cultural. Ambrogi y Gómez Carrillo coinciden en su relato sobre la presencia francesa en la entonces colonizada Indochina. Es aquí particularmente donde las "relaciones asimétricas" de poder que Pratt propone se encuentran en otro orden. Esta vez, la "zona de contacto" a la que la crítica alude en relación a un colonizado hispanoamericano/africano y un colonizador europeo se presenta en una forma distinta. El literato modernista critica y condena el colonialismo que presencia y lo denuncia. Ya no se trata de un colonizado y "subordinado" que se pone al servicio del discurso del colonizador para poder crear un texto contestatario sino al contrario, en su capacidad de intérprete cultural e intelectual inscribe, en sus propios términos, su desaprobación por la ocupación en zonas aparentemente marginales.[15] Ambrogi presenta una opinión más radical a la de Gómez Carrillo. Con resentimiento describe el trato que se les da a los "anamitas":

> El gracioso "kuruma" de las ciudades japonesas, el "rickshaw" de Shang-Hai y de Hong-Kong, es aquí en Saigón, el "pousse-pousse," del cual tira, desgarbadamente, el anamita de flácida trenza.... Pálidos, [los anamitas] macilentos, con sus pantalones despedazados, desnudo el tostado torso, los pobres anamitas trotan, jadeantes, encorvados sobre los varales por los caminos de roja arena.... Pobres anamitas! (166–67)

Abiertamente condena a los sujetos coloniales valiéndose de adjetivos peyorativos:

> [el anamita] sufre, callado, con todo su cuerpo. Es un mártir. El oficial colonial, ebrio, grosero, le aporrea, sin motivo, como a su perro. Los soldados holgazanes, les dan peor trato que a las bestias, les obligan, por la fuerza a arrastrarles, escatimándoles al mísero pago. El anamita tiembla ante el colonizador, odioso, antipático; más cruel, más insolente, que el inglés en la India y Egipto. (167)

El viajero, consciente del régimen colonial que se imponía en otros territorios y el cual consecuentemente rechaza, sugiere que no existía colonialismo más cruel que el del francés.

Con desilusión Ambrogi observa que partes de Saigón figuran un lugar parisino en donde los anamitas habían sido usurpados:

> el gobierno francés, ha querido hacer así a Saigón. Ayudado por el oro de los pobres anamitas, vilmente despojados, ha levantado a las orillas del Don-nay, entre las arecas y los cocoteros, una coqueta ciudad que es, para sus "coloniales," para sus orquídeas de vicio, un amable y suntuoso invernadero; una perfumada, elegante y voluptuosa prisión que les recuerda, a cada instante, en cada sitio, a su lejano y "tres cher" París. (180)

Nótese cómo a un lado de los "cocoteros" se impone el fastuoso espacio de pertenencia colonial adornado como un lugar casi utópico. Resulta simbólico que el sitio esté descrito como una "prisión," metáfora de un aislamiento autoimpuesto que separa y contrapone a ésta al resto de la colonia. Gómez Carrillo comparte la opinión de Ambrogi ya que con desencanto escribe que "la realidad: hela ahí: estáis en París, no habéis salido de París. . . . Á uno y otro lado, casas elegantes con jardines y verjas de hierro. Es una avenida de Nuilly, no hay duda" (109). Hasta siente que se encuentra en un París decadente y vigilado por todas partes: "los pasos turban la quietud. Tras los botines Luis XV pasan las botas militares. Ya los veladores de mármol sienten el choque de los platillos. La hora del café y del coñac y de las bebidas multicolores que se sorben con pajas, ha sonado. . . . Es París, os digo" (111). Se da cuenta que el resto del territorio colonizado se contrapone a la exuberancia de las casas del colonizador en Saigón ya que confirma que donde el vietnamita vive "no hay tantos cafés, ni tantos bebedores, ni tanto lujo ni tantas músicas" (109). La crítica al colonialismo es, sin duda, una alternativa al discurso hegemónico europeo.

Incluso, se criticó al régimen colonial español con furia. No se les pudo haber escapado de las manos. Gómez Carrillo subrayó que en realidad no sabía a quién se le podía odiar más, a Inglaterra o a España. En el caso de los británicos, decía, aún después de haber perdido su colonia siguieron "ensanchándose" mientras que los españoles por "frívolos" perdieron todo de una vez por todas. Por eso con desilusión concluyó que en

Capítulo dos

Europa "se arraiga la idea de que es necesario colonizar todo el resto del mundo" (65) aunque como vimos anteriormente, los intelectuales japoneses también pensaban hacer lo mismo. Como es obvio, los vientos de la historia cambian el rumbo de la humanidad. Lo que resulta interesante es que los modernistas fueron lo suficientemente críticos de la época en que les tocó vivir.

Los viajeros también presentan un punto de vista en relación a otros viajeros de su tiempo. Ese hecho es un intento de entablar un diálogo el cual permite que el extranjero sea visto a partir de una mirada alternativa y un contexto diferente. El discurso abre paso a una nueva experiencia; por ejemplo, los demás viajeros son contemplados fuera de su tierra natal y a partir de la perspectiva de un otro que se encuentra en un terreno ajeno. En Yokohama, un puerto cosmopolita japonés famoso por ser uno de los puntos de entrada más importantes del Japón, Tablada critica con desdén a los extranjeros:

> Detrás de mi espalda se amontaba la multitud nipona: musmés de trajes multicolores, obreros de largos Kimonos, pescadores y marineros casi desnudos, y más allá, en las terrazas de los hoteles a la moda, la población europea; burgueses sin más color que el de su traje, moneymakers . . . salían para celebrar la independencia de la Nación Yankee. Aquellos elementos banalmente europeos y agriamente mercantiles infiltraban su palmaria fealdad en mi pura sensación de Arte; pero al fin el arte pudo más que ellos. (19)

El mexicano contrapone el espacio de pertenencia del japonés y el de los extranjeros. Por un lado se encuentran las masas, la "multitud" compuesta de aquellos que obran en oficios no muy lucrativos: "obreros," "pescadores" y "marineros." Por otra parte, se impone y se aparta la presencia de los extranjeros que observan desde arriba, desde las "terrazas de los hoteles" nada menos que una celebración enteramente americana. El crítico y poeta elabora en las siguientes páginas en una prosa poética —a pesar de su desaprobación por el evento— los destellantes colores de las luces artificiales. Es por eso que desde el principio advierte que aunque no está de acuerdo con tal celebración, "el arte pudo más que ellos" en el sentido en que toma un instante —acaso no muy agradable— y lo presenta en una forma en que sí se puede apreciar la felicidad del acontecimiento.

Los viajeros modernistas

En su recorrido, Gómez Carrillo tampoco muestra simpatía por los norteamericanos que encuentra. Da la sensación que los viajeros, decepcionados de presenciar la europeización/ americanización en el Lejano Oriente, quisieran en algunas instancias evitar a otros viajeros contemporáneos. Se expresa así de los americanos: "son yankis vocingleros, apopléticos, jugadores, generosos, bailarines y clownescos; yanquis que apuestan y juran, que boxean, que beben licores caros y que, al amanecer, bajo las mesas, se echan á reír tristemente" (4). Cierto es que no se trata de un encuentro con colonizadores como en Saigón; sin embargo, la descripción se parece a la que nos ha dado en relación al sujeto colonial. Ambrogi no tolera la presencia de las damas ricas a quienes encuentra a lo largo de su recorrido:

> ¡Las eternas "misses"! Las indispensables, las inevitables
> . . . e infumables "misses"! ¡Las "misses" en turba, en enjambre, en avalancha! . . . Son las mismas. Las mismas de siempre, las que me encuentro aquí bajo el cielo de la China, como me las he encontrado antes en los "spardeks" de los grandes barcos como en Honolulu, en la playa de Waikiki, contemplando los fantásticos cambiantes del mar.
> . . . (113)

Por otra parte, para Ambrogi, no todos los encuentros con los extranjeros son negativos ya que recorre todo Hong Kong con un inglés: "Mi amigo Kranke es un verdadero esteta. He tenido, en más de una ocasión, oportunidad de comprobar su exquisito gusto" (141). Lo admira y lo respeta por su gran conocimiento histórico, filosófico y estético. Rebolledo en su viaje a Nikko, va con un extranjero, von Vedel, cuya nacionalidad no menciona. Asimismo, viaja con un sudamericano, Oviedo, quien es un encargado de negocios de una república sudamericana (170). El contacto con los extranjeros enriquece el texto porque se proponen nuevos puntos de vista donde tanto europeos como hispanoamericanos dialogan entre sí.

Esa época de cambios en la que a los viajeros les tocó vivir, también les permitía ver cómo se invertían los papeles de poder en cuanto a la relación del oriental y el europeo. Tanto chinos como japoneses sobresalen por sus adelantos y capacidades. Gómez Carrillo nota que "en Hong-Kong, en Singapur, en Cholón, el triunfo chino es más visible. Los ingleses mismos

Capítulo dos

declaran que Singapur pertenece á los chinos" (123). No sólo el espacio textual les es cedido sino que se imponen con autoridad. En otra parte, añade que, "los ingleses mismos, que son políticamente los señores del país, declaran que el negocio, el trabajo, la vida, el movimiento, el progreso, están en manos de los chinos" (101). Lejos de instalar a los orientales en los márgenes de la sociedad —cosa inevitable en Saigón entre la relación del anamita y el francés—, el escritor se enorgullece de ver un cambio. Cuando pasa por Shanghai, escribe un capítulo sobre "Los chinos que trabajan" donde dice que: "los asiáticos, que están lejos de ser menos inteligentes que los occidentales, notan lo que se puede hacer industrialmente, gracias á los sistemas modernos, y ya poderosas Sociedades de capitalistas chinos luchan contra los europeos" (123). Tal espacio de pertenencia e inversión de papeles también se hace tangible en cuanto a la educación de Japón. Se cita al catedrático Ariga Nagao quien "conoce á fondo las escuelas de altos estudios de Europa y de América" (198). El erudito japonés opina sobre los avances de la educación en su país:

> aparte de ciertas especialidades que algunos sabios europeos cultivan de una manera exclusiva, no existe ninguna rama de los conocimientos humanos que no podamos estudiar en nuestra patria. Y, á decir verdad, la enseñanza en nuestras escuelas oficiales ó privadas ha llegado ya á un nivel superior al de las escuelas europeas. (199)

Asimismo, aparte de aspectos culturales, los papeles de poder se invertían en la escala política.

Tablada, quien curiosamente se alojó en el barrio chino de Yokohama, Japón, desde allí se enteró de la rebelión de los Boxers en China (1900). Con respecto a esa lucha sangrienta de los chinos en contra de los europeos, dice con amargura: "hay sangre europea en las endas cenagosas del Río Amarillo y en las charcas de los arrozales palúdicos y las cigarras de este Otoño han chillado rabiosamente al abrevarse en un rocío trágico que no es el de la aurora . . ." (22). Aunque desaprueba la agresión china, una vez más, los papeles de poder se han invertido. Ahora es la "sangre europea" la que corre por los ríos. Acude a utilizar rasgos naturalistas los cuales reflejan la angustia del alma del poeta al enterarse de la tragedia ya que presenta a los chinos que viven en Yokohama con "mandíbulas felinas que amenazan armadas de dientes y erizadas de cerdas; hay rostros amarillos con ojeras negras . . ." (25). En contraposición a su opinión sobre las luchas sangrientas y su preocupación por la guerra, Tablada describe en una forma peyorativa a los chinos sin que esto altere la inversión de los papeles: es el chino el que mata al europeo. Asimismo, su ideología señala la posición externa y desinteresada del escritor ya que no quiere participar en esta guerra colonial entre culturas. Sin embargo, el viajero ve palpitar el poder del oriental e irónicamente se preocupa por el europeo, sujeto que ha desaprobado constantemente en otras instancias.

Los relatos de viaje modernista nos ofrecen en una forma fascinante una amalgama de ideas y percepciones alternativas que nos ayudan a apreciar y comprender más a fondo el cruce del complejo encuentro cultural entre el Oriente y el Occidente. Como se ha venido observando, no se trata de un sujeto "marginal" describiendo lo "periférico" como erróneamente se llegó a percibir. Se trata más bien de un encuentro mucho más diverso donde las relaciones y perspectivas ofrecen una visión más dinámica al formar puntos de confluencia donde lo "marginal" cesa de existir. La localidad de la casa donde Tablada se hospeda en Yokohama sirve como metáfora de ese insólito encuentro cultural. "Mi casa por un excéntrico capricho, sale del barrio europeo donde debía ser confinada, sale de su quietud nocturna y de su puritanismo burgués y . . . se empina sobre los barrios chinos," escribe (111). La "casa" pareciera encontrarse en un linde ya que no pertenece ni al "barrio europeo," ni al centro de la ciudad y apenas se "empina" sobre el barrio chino. La casa, y sobre todo su posición, refleja la rica diversidad del discurso modernista ya que lejos de ser "marginal," se inscribe a partir de un nuevo espacio que le da la bienvenida al contacto de varias culturas.

En alta mar, Gómez Carrillo escribió que el barco que lo trasladaba al Oriente era una "cosmópolis flotante" porque era el lugar de encuentro de varias nacionalidades. Desde la mar, espacio neutro para todos aquellos que iban a bordo, el literato comienza a inscribir un texto que le cedería la voz a sujetos orientales y occidentales. Es por eso que aunque el viajero sentía que "a medida que los hombres se alejan, sus patrias se

Capítulo dos

agrandan" (17) estaba consciente que al borde de la "cosmópolis" su experiencia le brindaría un acercamiento y entendimiento mucho más profundo sobre el mundo. Sorprendentemente, Gómez Carrillo y los demás viajeros siguen los pasos del relato de viaje ficticio que Fernández de Lizardi nos ofrece en *El periquillo sarniento*. Éste último no llamó al barco "cosmópolis" aunque ciertamente, en un episodio, iban a bordo del buque que los llevaba de Acapulco a Manila, hispanoamericanos, orientales, africanos y europeos. El mexicano ya notaba la necesidad de establecer un contacto cultural mucho más amplio y abierto. Por lo tanto, el discurso de viaje latinoamericano, hacia el Oriente, real o ficticio, ha continuado su largo camino. En éste se puede apreciar una secuencia y reanudación de experiencias y encuentros que "rompen las barreras políticas" como dijo lúcidamente Gómez Carrillo.

En su recorrido, el guatemalteco percibe que "la poesía del cielo, del clima, une á aquellos que se encuentran desunidos por la ley" (17). Tal "unión" actúa como un *mise en scène* que Fernández de Lizardi inscribe en la primera novela hispanoamericana y que se repite una y otra vez en el discurso de viaje. Gómez Carrillo, al alejarse de Ceilán, escribe con melancolía: "a medida que las palmeras de Colombo van perdiéndose á lo lejos entre los vapores azules del horizonte, la noción exacta de la realidad que acabamos de ver desaparece de nuestra memoria. Diríase que materialmente una mano borra, una por una, las sensaciones de la vida . . ." (81). Sin embargo, gracias a la mano que escribió, poetas como Pablo Neruda, Octavio Paz, Elsa Cross y ensayistas como Manuel Maples Arce, Juan García Ponce y Sergio Mondragón, acaso inspirados por Lizardi, Tablada, Rebolledo, Ambrogi o Gómez Carrillo, viajaron y escribieron también desde el Oriente para continuar enriqueciendo el imaginario cultural de esa parte del mundo en sus lectores.

Capítulo tres

"La muerte de la emperatriz de la China"

*Por sobre la oreja fina
Baja lujoso el cabello,
Lo mismo que una cortina
Que se levanta hacia el cuello.
La oreja es obra divina
De porcelana de China.*
José Martí
Versos sencillos

*Porque ya en México hay
más de un rapsoda del haikai
que en nuestra tierra peregrina
y se funde armoniosamente,
como tanta cosa de Oriente
que nos trajo la Nao de China.*
José Juan Tablada
"Elogio del buen haijín"

En su estudio sobre Rubén Darío, Angel Rama se opone a la crítica del modernismo que sugiere que los miembros del movimiento se limitaban a imitar servilmente la literatura europea. Rama arguye que cualesquiera que hayan sido las fuentes que inspiraron a los modernistas, diferentes discursos delatan una experiencia real; una relación directa entre el artista y "lo concreto, lo real, que se expresa a través de un contacto vivo con el objeto, ya se trate de un objeto americano o de uno europeo, de una experiencia mediatizada como lo son aquellas que reposan sobre la información que presta el libro, sin por eso dejar de ser experiencias reales" (40). El cuento de Darío titulado "La muerte de la emperatriz de la China" (publicado en la segunda

Capítulo tres

edición de *Azul* . . . , Guatemala, 1890) plantea de una manera elocuente la necesidad de contextualizar ese "contacto directo" por el artista y su apreciación por los artefactos orientales a partir de una circunstancia enfáticamente hispanoamericana. Si como dicho "contacto," según Rama, "funciona sobre la experiencia directa de un material también directo, como es el del arte —las reproducciones, los grabados, los jarrones . . . ," se vuelve una labor imprescindible cuestionar la disponibilidad de esos artefactos en la realidad hispanoamericana y su valor de estimación de acuerdo al contexto modernista (40). Paralelamente, nos exige entablar un diálogo con otros textos de la época que giran en torno a ese tema para llegar a tener una visión más profunda del discurso oriental modernista.

En *Orientalism in the Hispanic Literary Tradition,* Kushigian apunta que los temas orientales modernistas que representan princesas chinas son escapistas. La crítica asocia ese supuesto escapismo con un sentimiento de nostalgia por el pasado y con la noción del "mal de fin de siglo" (7–8). Darío quizás sólo compartiría parte de su argumento en la medida en que algunas de sus obras, como "La muerte de la emperatriz de la China," no sólo establecen una estrecha relación con el pasado histórico sino que elucidan y contextualizan la aproximación a la cultura oriental a partir de una realidad hispanoamericana finisecular. Este cuento es un texto fundador en la medida en que mientras recontextualiza, a partir de un artefacto oriental, una relación con el pasado entre Hispanoamérica y el Oriente nos presenta un trasfondo moderno y se inserta en un diálogo intelectual de ideas a un nivel cosmopolita.

A partir de la aproximación y apreciación de la porcelana de la China, "La muerte de la emperatriz . . ." revela que es un cuento paradigma que inspirará la elaboración de otros textos modernistas que girarán en torno a artefactos culturales orientales. Por lo tanto, el cuento de Darío nos instala en un terreno discursivo que precisa ser analizado en torno a dos niveles: el extratextual impone una lectura de acuerdo a un contexto histórico y moderno; tarea que emprenderé en la siguiente sección donde me ocupo de las *nao*s de Manila y la introducción de artefactos culturales en América Latina.

El otro nivel, el textual, será analizado en la tercera parte del capítulo ("Reyes, emperatrices y chucherías"), donde, comentaré la dinámica que ocurre entre los personajes y su aproximación al arte oriental que se presenta en el taller/casa del artista. Sin duda alguna, el texto de Darío nos invita a cruzar las fronteras del Oriente y le presenta a su público lector un arte oriental visto desde una perspectiva única. Esta nueva aproximación —e inscripción en las letras— es la que le permite a ese público valorar también desde su propia sensibilidad, la estética oriental dentro de su contexto. Al atravesar tales fronteras, el texto nos permite conocer una nueva dimensión que une a dos culturas no europeas. Tal experiencia, una vez más nos permite cuestionar y apreciar el arte y la estética desde una cultura "periférica" hacia otra "periférica."

Sobra decir que la apreciación del arte significa la estimación de ciertos aspectos culturales. Como el crítico del arte y antropólogo Wilfried Van Damme lo propone, el arte es, de hecho, cualquier forma cultural que sea el producto de procesos creativos siempre y cuando se usen o se manipulan materiales, sonidos, palabras o espacios en una manera que formalicen lo que no es formal (154). Ese "proceso creativo" al que alude Van Damme es precisamente el que el escritor modernista nos hace percibir al describir su apreciación del arte oriental a partir de la percepción de un personaje. Y, al estimar tal estética dentro de un contexto hispanoamericano, la obra de Darío enfatiza que la adquisición de ese tipo de arte no estaba limitado a la cultura europea. La opción de privilegiar lo oriental se basa en un mercado mundial al que Latinoamérica ya había ingresado sobre todo en la última década del siglo XIX.

Van Damme, quien estudia el valor de estimación de la estética no europea en discursos occidentales, se cuestiona ¿a qué debemos referirnos exactamente cuando hablamos de la belleza y cómo es que ese concepto se relaciona a la idea del "valor estético" y a otras nociones difíciles de aprehender respecto al "arte"? ¿Cuál es exactamente la naturaleza de la "experiencia estética," y como corolario, ¿cómo es que ésta última se relaciona a otras formas de experiencia satisfactoria? (13). Tomando en cuenta que el cuento de Darío revela la estimación del arte oriental a partir de una "periferia" occidental, a través de una lectura detenida del texto trataré de ofrecer alternativas a las preguntas que el crítico plantea. Asimismo, como he mencionado antes, no hay que descartar el hecho que un artefacto cultural, sus relaciones, sus contextos, su vitalidad, funciones y asociaciones, concretamente existen mientras éste simultáneamente participa en un espacio discursivo y textual. No hay objeto que exista apartado del mundo, separado de un contexto.

Con esto presente, trataré de conciliar dos vertientes, la textual y la contextual, para poder comprender más a fondo la producción de significados, el proceso de transcodificación que articula diferentes niveles de la realidad sobre la cultura oriental de acuerdo a una interpretación modernista hispanoamericana. Es decir, dos preguntas básicas que hay que considerar son: ¿en qué forma se presenta y se percibe el espacio textual donde figura un artefacto oriental, y, cuáles son las correspondencias simbólicas entre texto y contexto en torno a ese artefacto?

Las *naos* de Manila y la introducción de artefactos culturales en América Latina

Anteriormente señalé que Edward Said no se concentra en el arte o los artefactos culturales como fuentes de investigación hermenéutica y estética mientras que éstos son esenciales para analizar el discurso modernista. Said propone que el Oriente ha sido un lugar apartado del progreso europeo tanto en las ciencias como en las artes y el comercio. De ese modo, lo que se le atribuía al Oriente —tanto lo bueno como lo malo— se percibía como un gesto de gran interés y especialización por parte del Occidente. Esa fue la situación, aproximadamente, desde los 1870s hasta principios del siglo XX (*Orientalism* 206). Tomando en cuenta lo sugerido por Said, en las instancias donde la crítica hispanoamericana del modernismo, como señalé en el primer capítulo, llegó a apuntar que la representación modernista oriental es una copia fiel del discurso francés, lo que se prolongó fue subrayar precisamente el fenómeno que Said juzga del discurso europeo. Es decir, Henríquez Ureña citó obras de Théophile Gautier, Edmond de Goncourt y Louis Bouilhet, en su importantísima *Breve historia del modernismo,* y concluyó que los temas orientales modernistas "imitaban" los modelos franceses (20). Sorprendentemente, al leer algunos textos orientalistas franceses de la época, se hace patente que su punto de partida fue precisamente lo que Rama llama una "experiencia directa" basada en un artefacto o incluso, en un libro oriental.[1] Esto sugiere que las fuentes de ambos discursos (por los dos lados del Atlántico) surgieron de acuerdo a cierto material oriental y que las representaciones difieren en torno a la perspectiva y contexto de aquél que las interpreta. La escritura basada en un objeto de arte o en cierta "curiosidad" oriental era, en efecto, un lenguaje de aquella época finisecular.

En "La muerte de la emperatriz de la China" (LMEC),[2] Darío propone un uso estético y cultural para la porcelana de la China. A partir de ese artefacto, el escritor hace una conexión íntima sobre la estimación de objetos orientales asequibles en Hispanoamérica durante —y mucho antes— del modernismo. No está de sobra que *Empress of China* haya sido el nombre que se le dio al primer barco americano que navegó a través del Pacífico hacia China para trasladar artefactos culturales desde aquel país.[3] El contacto entre América y Asia data del siglo XVI ya que desde entonces había un mercadeo a través de los barcos llamados "*naos* de China" que navegaban las aguas del Pacífico entre Manila y Acapulco. Dicho tránsito, el cual se mantuvo vigente hasta el siglo XIX, fue, según William Schurz lo indica, el mercadeo más duradero y estable que se ha llevado a cabo en la historia. El comercio pertenecía al Imperio español, el cual, enviaba barcos con todo tipo de objetos del Lejano Oriente para venderlos y distribuirlos en la Nueva España (México moderno) y Perú consecuentemente.

En cuanto a lo que trasladaban los barcos al continente americano, Schurz señala que se trataba de sedas, especies, medias, marfil, abanicos, algodones, terciopelos, esculturas y porcelana que iba desde vajillas hasta estatuas de diferentes deidades. Por otra parte, los barcos regresaban a Manila cargados de plata de México y Perú (15). Una vez que los *manileños* o *naos de la China* llegaban a Acapulco, el puerto se convertía en una feria donde acudían toda clase de compradores de todas partes de México y Perú. La llamada "Ruta de Seda" consistía en un largo y travieso camino donde los objetos trajinaban para llevarlos a vender a las grandes ciudades. También había otras rutas que iban hacia el norte camino a Guadalajara y hacia el Occidente con destino a Puebla, provincia donde el arte mexicano adquiere la forma más ecléctica y sofisticada debido a la fusión de motivos orientales, españoles e indígenas. En el

Capítulo tres

segundo capítulo de los *Infortunios de Alonso Ramírez* (1690), Carlos de Sigüenza y Góngora relata cómo el protagonista, un pícaro español que no pudo hacer fortuna en Nueva España, emprende un viaje en una *nao* que lo lleva de Acapulco a Manila. Una vez en las Filipinas encuentra trabajo rápidamente y adquiere un puesto de mercader la cual le permite mirar al futuro con esperanza.

Sorprendentemente, el viajero italiano Juan Francesco Gemelli Carreri hace un recorrido pero en dirección contraria ya que va de Manila a Acapulco. Ese desplazamiento opuesto en dirección contraria habría sido, sin duda alguna, el sueño de Cristóbal Colón. En su detallada crónica *Viaje a la Nueva España* [1697] manifiesta que había una gran demanda por las "chinerías y japonerías" ya que convenía "vender en las Indias Occidentales todos los paños de seda que se llevan de la China, y las telas, tanto blancos como de colores . . . también la porcelana y los abanicos de la China" (1: 17–18). En efecto, las mercancías del Lejano Oriente tenían como destino final México, Perú (y también Cuba), ya que los españoles y criollos más refinados tenían un gran gusto por lo oriental. Gemelli Carreri presencia todo el comercio que se llevaba a cabo y hasta llega al grado de detallar peleas entre criollos de la Nueva España y los almirantes (españoles) que dirigían los barcos. También describe la pobreza del puerto de Acapulco: "en cuanto a la ciudad, me parece que debería dársele el nombre de humilde aldea de pescadores, mejor que el engañoso de primer mercado del mar del Sur y escala de la China, pues que sus casas son bajas y viles y hechas de madera, barro y paja" (1: 24). Esta es quizás la única crónica que describe la llamada "Ruta de Seda" ya que el viajero emprende ese viaje en mula y es testigo de las condiciones en que se encontraban los caminos. Sin duda alguna, las mercancías se vendían en las grandes ciudades mientras que Acapulco era sólo un puerto de entrada. Gemelli Carreri también atestigua la llegada de los navíos de Perú cuyo objetivo era la compra de mercancías:

> Salieron a tierra para alojarse, llevando consigo dos millones de pesos a fin de emplearlos en mercancías de la China. Con este motivo el viernes, día 25, se vio convertido Acapulco, de rústica aldea en una bien poblada ciudad, y las cabañas, habitadas antes por mulatos, ocupadas todas

"La muerte de la emperatriz de la China"

> por bizarros españoles. Se añadió a esto el sábado, día 26, un gran concurso de comerciantes mexicanos con muchas cantidades de dinero y con mercancías de Europa y del país. (1: 27)

De los pocos objetos que todavía quedan y evidencian los primeros motivos chinos son las porcelanas del siglo XVI. Los alfareros inspirados por los chinos, comienzan a darle formas hexagonales a sus jarras y el color predominante es el blanco y azul. En los jarrones de esa época, hay decoración de águilas con coronas (pertenecientes al emblema de Felipe II) y también águilas y cabezas de ajos que se contraponen en el mismo espacio que a los elementos chinos: pájaros, dragones y elefantes, todos alineados cuidadosamente simétricamente (Mudge 49).

El arte del Lejano Oriente comenzó a cobrar mayor importancia en la cultura de la Nueva España, Perú y Cuba. Ese arte no sólo ocupa los espacios interiores de las casas sino también se vuelve una obsesión ya que se exterioriza al usarlo en las fachadas de las casas, en las fuentes y riscos, e incluso en la moda. En la capital de la Nueva España los criollos desde aquel entonces ya se vestían con telas exquisitas de la China. El mejor testimonio de esto lo dejó Thomas Gage, un fraile dominico que vivió en 1625 en la Nueva España (México) y quien escribió lo siguiente:

> It is a by-word that at Mexico four things are fair; that is to say, the women, the apparel, the horses, and the streets. But to this I may add the beauty of some of the coaches of the gentry, which do exceed in cost the best of the Court of Madrid and other parts of Christendom, for they spare no silver, nor gold, nor precious stones, nor cloth of gold, nor the best silks from China to enrich them. (67)

Un siglo más tarde, incluso esa moda hasta llegó al grado de hacerse oficial. En declaraciones hechas durante el virreinato de Revillagigedo (1720), las leyes estipulaban que "[t]he Chinese goods form the ordinary dress of the natives of New Spain" (citado por Schurz 362). Por lo tanto, durante siglos, la moda del Lejano Oriente fue inspirando y transformando poco a poco el vestido mexicano. El atuendo de la "China Poblana," el traje nacional de México como se conoce en el presente,

Capítulo tres

ejemplifica la influencia china por el uso de la lentejuelas en la falda y el tipo de bordado en la blusa.[4]

El mercadeo de las *naos* terminó a principios del siglo XIX pero siguió llevando a cabo después por otros medios. Con el desarrollo del buque de vapor y de los ferrocarriles, siguieron llegando mercancías del Lejano Oriente y de otras partes del mundo. Durante la época del modernismo, la importación de objetos orientales —desde estatuas de la más fina porcelana hasta pequeños objetos de poco valor como eran las réplicas de Buda, abanicos de papel, quitasoles, jarrones, platos, palillos, etc.— llegaron a Hispanoamérica de Asia o vía Estados Unidos y Europa.[5] Aquí cabe aclarar que el mercadeo no se reducía a la ruta Asia-Mexico-Perú/Cuba sino que también existían negociaciones comerciales entre el Oriente y Argentina, Chile y Colombia —por citar algunos— (Subrahmanyam 168–70).

En la literatura, ya desde principios del siglo XIX en *El periquillo sarniento* [1816] el pícaro protagonista también ejemplifica lo lucrativo que era enviar mercancía desde Asia:

> En los ocho años que viví [en las Filipinas] con el coronel, me manejé con honradez, y con la misma correspondí a sus confianzas, y esto me proporcionó algunas razonables ventajas, pues mi jefe, como me amaba y tenía dinero, me franqueaba el que yo le pedía para comprar varias anchetas en el año, que daba por su medio a algunos comerciantes para que me las vendiesen en Acapulco. Ya se sabe que en los efectos de China, y más en aquellos tiempos y a la sombra de las cajas que llaman de permiso, dejaban de utilidad un ciento por ciento, y tal vez más. (Fernández de Lizardi 451)

Con su habitual lucidez, Tablada ya se había percatado de la importancia de los artefactos culturales y de la influencia asiática en América Latina. Estudió la historia y el comercio de las *naos* con tal devoción que llegó al grado de escribir una novela que jamás se publicó porque su casa fue asaltada por unos bandidos durante la Revolución mexicana.[6]

Años más tarde Tablada reflexionaría sobre la pérdida de su manuscrito en un pequeño ensayo titulado "Huerto sellado: el hogar de la Nao de China." En ese texto escribe con melancolía: "de aquella biblioteca donde a diario estudié y medité, escribí algo hace años en un estilo flamante. . . ." Y añade,

"La muerte de la emperatriz de la China"

> Dentro de vitrinas y anaqueles y sobre los muros de mi biblioteca, reposa y cuelga cuanto el arte extremo oriental, maestro del color y de la plástica, puede sugerir de las milenarias y remotas civilizaciones. Porcelanas brillantes y esmaltadas; sombrías lacas exornadas de oro; metales cincelados de sordas pátinas; brocados de sedoso matiz y áureo rutilar, y libros y álbumes que los pinceles chinos y japoneses ilustraron con las maravillas de su profusa iconografía y el ardiente foco donde irradia lo que de más sublime tiene el Extremo Oriente: Arte y Religión, es la chimenea de mi estudio, un verdadero emporio donde parece, en efecto, que una Nao de China acabara de volcar el tesoro de su mágica cornucopia. (*Las sombras* 168)

Cierto es que en la cita anterior Tablada recreó una obra ficticia que ya había escrito hace muchos años y allí es donde se borran los límites entre la ficción y la historia. Es decir, basándose en fuentes históricas y artefactos culturales que estaban al alcance de Tablada (y por ende otros modernistas) el poeta y ensayista representa el arte oriental. Por lo tanto, el hecho de presentar dichos artefactos dentro de espacios típicos en el discurso modernista como son el taller, la biblioteca y otros lugares cerrados no tenía que ver simplemente con la representación del reino interior sino que a la inversa, también era una manifestación de los objetos orientales que estaban al alcance de una sociedad moderna y que se interiorizaban. Incluso, la historia de las *naos* de China se convirtió en la obsesión del poeta ya que un par de años después de haber introducido el *haiku* en Hispanoamérica escribe en una de las dieciocho estrofas que componen su poema "Elogio del buen *haijín*":

> Porque ya en México hay
> más de un rapsoda del *haikai*
> que en nuestra tierra peregrina
> y se funde armoniosamente
> como tanta cosa de Oriente
> que nos trajo la Nao de China.
>
> (1: 611)

Un *haijín* es un poeta que escribe *haiku*. Este poema fue dedicado al joven poeta Francisco Monterde quien, siguiendo los pasos de Tablada, empezó a escribir haiku en español. Aquí la

Capítulo tres

voz poética establece un paralelo entre la armonía que concibe un *haiku* escrito en español y la ecléctica tradición de la alfarería mexicana, la cual, como se ha señalado antes, se inspiró en modelos orientales.

La influencia que acabo de notar también se hace palpable en una de las notas de viaje que Tablada escribió en forma de poema, "Puebla de los Ángeles" —el estado donde la influencia oriental ha tenido más relieve:

> Aquella mañana
> policroma y peregrina,
> aunque muy mexicana
> fue un viaje al País de la Porcelana
> a la maravillosa China.
>
> Pues con arcilla plástica y tierna
> Y los esmaltes minerales
> Renueva el tlachichique Padierna
> ¡de Nanking a Kuantón las obras inmortales!
>
> (1: 490)

El poema revela uno de los viajes del poeta (y por ende, periodista por antonomasia) al pequeño estado de Puebla, cerca de la Ciudad de México. No se trata de un viaje imaginario al "país de la porcelana" sino más bien de un viaje real que ejecuta acompañado de un fotógrafo a un pequeño taller donde se elaboran porcelanas mexicanas inspiradas en aquellas que se enviaban de China. En la obra del poeta repetidas veces abundan alusiones a la historia de las *naos*.

Ahora bien, si retomamos LMEC ("La muerte de la emperatriz de la China") de Darío, no sería arriesgado decir que sutilmente el escritor hace alusión al contacto que existía entre el Oriente e Hispanoamérica primero, al inscribir el nombre del primer barco que navegó hacia la China y segundo, al re-contextualizar ese diálogo cultural. En el cuento dariano, un personaje, Robert, el amigo del protagonista escultor, había viajado primeramente para San Francisco. Después, a través de una carta que Robert le envía a Recaredo (el protagonista) junto con el busto de porcelana, nos enteramos que se encuentra en Hong Kong. Irónicamente, citando a Julio César, Robert dice: "Vine y vi. No he vencido aún.... He venido como agente de una casa californiana, importadora de sedas, lacas, marfiles y

"La muerte de la emperatriz de la China"

demás chinerías" (63–64). La presencia de Robert en Hong Kong re-contextualiza el diálogo cultural entre el Lejano Oriente y América Latina. Ahora se trata de un agente moderno que envía artefactos culturales desde el Este. Del mismo modo, la presencia de Robert como agente especializado (y por ende la de Recaredo como artista también experto) actúa como metáfora que refleja el panorama social y cultural en torno al artista (escritor) modernista hispanoamericano. Eminentemente, a partir del objeto de porcelana, Darío nos pone en contacto con el pasado y la larga tradición que existía en Hispanoamérica y su estimación del arte oriental (mayor y menor). Asimismo, nos inserta en un contexto moderno que atiende, como Rama lo nota en relación a toda la obra de Darío, a "la situación real de las coordenadas socioculturales de su medio y tiempo" (111). A diferencia de "El Rey Burgués" (*Azul . . .* [1888]) donde Darío presenta un enfrentamiento entre poeta y mundo y subraya la dicotomía entre el poseedor y malgastador de objetos del Oriente y el poeta, única persona capaz de apreciarlos; en LMEC el escultor es una metáfora del poeta que no necesita rodearse de lujos para poder apreciar el arte y las "curiosidades" orientales. Rama, a propósito de "El Rey Burgués," elabora que las "japonerías y chinerías" en el cuento dariano pertenecían específicamente al "burgués" mientras que el poeta que vivía en los bajos estratos de la sociedad era incapaz de obtener tales objetos (102). Aquí sólo coincido parcialmente con Rama. Es decir, en LMEC, Darío presenta, por una parte, la porcelana, y por otra, su modesto surtido de "curiosidades," *mercancía* que estaba al alcance de la gente como el poeta. Como mencioné en el primer capítulo, de China se importaba algodón, tafetán, aceite de nuez, casia y menta, arroz, papel blanco, de colores, para envolturas; juguetes, tinta, abanicos, bermellón, quitasoles, toda clase de juegos, almizcle, etc. En ese sentido, LMEC elabora un reflejo de la circunstancia que existía en Hispanoamérica y consecuentemente las fuentes y el valor de estimación hacia los artefactos culturales dentro de las diferentes capas sociales.

La apreciación del arte oriental como se presenta en LMEC, también se puede apreciar en la producción de Casal en una crónica titulada "El arte japonés: a vista de pájaro" escrita en 1890 para el diario *La Discusión*. Aquí Casal manifiesta su

Capítulo tres

profunda estimación por el arte de ese país aunque también revela que en algunas instancias no era muy fácil adquirir ciertos "objetos de arte." Para el escritor, la "pieza de arte" era en realidad un libro de arte:

> Antes de poseer esta obra, la había visto muchas veces, en la librería de Alorda, sin que despertara mi curiosidad. Tasábala en un precio tan elevado, que no me atrevía a dirigirle una mirada, para evitar que aumentara el número crecido de mis deseos irrealizables. Pero un día me decidí a clavar en ella los ojos, a sacarla de su nicho de cristal, a sostenerla un momento entre mis manos, a recorrer febrilmente sus hojas, a extasiarme ante sus bellezas tipográficas y, desde ese día, el deseo de poseerla se arraigó de tal modo en lo más profundo de mi corazón, que, por espacio de algún tiempo, no he vivido más que por ella y para ella. (*Prosas* 2: 157)

El poeta se deleita en describir su aproximación hacia esa "obra," aparentemente inalcanzable, como el ideal. "La obra" está tratada como una pieza de museo ya que se encuentra muy bien acomodada en su "nicho de cristal" y la mirada del que la observa está impedida por el cristal que los separa. Lo mismo sucede con el escultor de LMEC, quien aparte de tener la afición por las chinerías, "no sé que habría dado por hablar chino o japonés," señala el narrador y añade que Recaredo "conocía los mejores álbumes . . ." (63).

En otra crónica escrita también para *La Discusión* en aquel mismo año, Casal describe una "japonería" que encuentra dentro del escaparate de una tienda. Esta vez no se trata de un objeto inalcanzable por su valor monetario sino que se asimila a los objetos que Recaredo en LMEC poseía y que quizás también eran asequibles para el público en general. Casal hace una magnífica descripción ecfrástica de un búcaro:

> Sobre el esmalte verde Nilo, fileteado de oro, que cubría el barro del búcaro japonés, se destacaba una Quimera de ojazos garzos, iluminados por el deseo de lo prohibido; de cabellera rubia destrenzada, por las espaldas; de alas de pedrería, ansiosas de remontarse; y de dedos de uñas largas, enrojecidas de carmín, deseando alcanzar, con el impulso de la desesperación una florecilla azul de corazón de oro, abierta en la cumbre de un monte nevado sin poderlo conseguir. (*Prosas* 2: 97)

"La muerte de la emperatriz de la China"

En su vida cotidiana, Casal acercaba a la intimidad de su habitación donde vivía los objetos orientales que adquiría en las tiendas de La Habana. Ramón Meza escribió un artículo sobre Casal más o menos en esa época donde describió los interiores de la habitación del poeta situada cerca de las oficinas de *La Habana Elegante:*

> [Julián] leía y escribía en un diván con cojines donde resaltaban como en biombos y ménsulas y jarrones, el oro, la laca, el bermellón. En un ángulo, ante un ídolo búdico ardían pajuelas impregnadas de serrín de sándalo. Transformó aquel rinconcillo en la morada modesta, pero auténtica de un japonés. En los cuadros, de fondo azul, y mar más azul aún, volaban en bandadas interminables, grandes grupos de aves blancas, de pico rojo, de largas patas, a través de pagodas, de ciénagas orilladas de bambúes, de juncos conduciendo sobre nubes parejas jóvenes de carillas de marfil. (Citado por Glickman en 2: 333)

Las piezas que Casal posee son como las del escultor protagonista de LMEC. Nótese cómo el cubano posee un ídolo búdico al cual se le rinde culto. Este preciso hecho, el de interiorizar en los espacios íntimos artefactos orientales donde éstos son venerados, es exactamente la relación (entre sujeto y objeto) que elucida LMEC. Asimismo, quizás para Casal, los artefactos culturales que poseía nunca fueron del calibre de aquéllos del "rey burgués" aunque sí hay una íntima relación entre lo que poseía y lo que escribía. Es decir, ese tipo de pequeños artefactos son los que le inspiraron a escribir poesía. El paisaje del biombo y de los cuadros descrita por Meza reflejan el paisaje que el poeta describe en su poema "Sourimono":

> Como rosadas flechas de aljabas de oro
> Vuelan de los bambúes finos flamencos
> Poblando de graznidos el bosque mudo
> Rompiendo de la atmósfera los níveos velos.
> (*Obra poética* 215)

En esos dos ejemplos se puede ver que las fuentes orientales modernistas surgen, como he notado antes, de lo que Rama llama "la experiencia concreta de lo real" la cual está basada en ambos, el "arte mayor" y las "curiosidades" chinas y japonesas que constantemente la crítica ha pasado por desapercibidas a

Capítulo tres

excepción de González Echevarría en su introducción a *De donde son los cantantes* (51) y Robert Glickman quienes notan que los objetos orientales finos y aún los que no eran de gran valor monetario, podían obtenerse en algunas tiendas de La Habana.[7] Los objetos de "arte menor" son precisamente los que presenta Darío en LMEC.

"La muerte de la emperatriz de la China" es un cuento precursor porque sirve como un paradigma que alude a un hecho histórico dentro de un contexto moderno e igualmente inspira la creación de prosa y poesía a partir de un artefacto cultural. Es por eso que no está de sobra que Martí, ideal del hombre de acción en la crítica, se valga de la porcelana de la China en sus *Versos sencillos* escritos en Nueva York en 1891, solamente un año después de la publicación de "La muerte de la emperatriz de la China":

> Por sobre la oreja fina
> Baja lujoso el cabello,
> Lo mismo que una cortina
> Que se levanta hacia el cuello.
> La oreja es obra divina
> De porcelana de China.[8]

Los aparentemente "versos sencillos" cincelados por Martí también nos aproximan a la complejidad de un espléndido artefacto oriental. Para el hablante poético, la figura de porcelana es una "obra divina" que su mirada contempla y que el artista nos interpreta a través de la palabra.

La tradición que Darío establece también la continúa Tablada quien escribe un soneto alejandrino titulado "La Venus china" en la ciudad de Yokohama, Japón. Es interesante que Tablada, enviado a interpretar la cultura japonesa, decida describir una figura de porcelana que se encuentra en un barrio extranjero: China Town. Quizás, el primer mensaje que Tablada quiso enviar a sus lectores era que en efecto, algunas ciudades de Japón eran tan cosmopolitas como aquéllas de Hispanoamérica (y Europa). Es por eso que el modernista, extranjero, en una ciudad lejana y extranjera, se sitúa en un barrio extranjero. Tablada, quien a diferencia de Darío, viajó al Oriente, reinscribe lo expuesto por el nicaragüense en "La muerte de la

"La muerte de la emperatriz de la China"

emperatriz de la China." Esta vez ya no se trata de un escultor en su taller en cierta ciudad latinoamericana como en el cuento dariano sino de un poeta mexicano describiendo su percepción del arte oriental en Japón.

Los elementos formales que Tablada utiliza para describir la estatua reflejan su estimación profunda por el arte oriental. La textura del poema se vuelve ecléctica ya que nos enfrentamos ante una forma poética familiar: un soneto por medio del cual se presenta un objeto oriental. Los elementos formales son un reflejo de la percepción e interpretación del arte oriental que Darío elucida en LMEC. El título mismo es un espejismo de la aproximación de Darío ante la porcelana de la China donde el escultor describe la belleza de la figura de acuerdo a un referente del arte grecorromano: la "Venus." El modificador "china" nos remite al sincretismo que Darío elabora ya que el escultor en el cuento continuamente combina aspectos orientales y occidentales. La primera estrofa se lee así:

> En su rostro ovalado palidece el marfil,
> la granada en sus labios dejó púrpura y miel,
> son sus cejas el rasgo de un oblicuo pincel
> y sus ojos dos gotas de opio negro y sutil.[9]

El poeta empieza por elaborar una detallada descripción de su cara tal como lo hace el escultor al describir la porcelana que ha llegado a su casa y que saca cuidadosamente de la caja.

En la segunda estrofa la voz poética hace alusión a la decoración de su abanico:

> Cual las hojas de nácar de un extraño clavel
> florecieron las uñas de su mano infantil
> que agitando en la sombra su abanico febril
> hace arder en sus sedas un dorado rondel....

El enfoque en "el clavel," sugiere que el artista trata de crear un arte ecléctico ya que nos aproxima a una emblemática flor tanto en el Oriente como en el Occidente. Mientras que en el Occidente el clavel simboliza la pureza y suele asociarse generalmente con la Virgen María, en el Oriente se asocia con un enlace, una unión y sobre todo cuando se manifiesta en textiles

Capítulo tres

como es el caso del abanico o en la cerámica. Quizás ese es el deseo del poeta, el de llegar a alcanzar un acercamiento cultural a partir de la estatua por medio de la palabra poética.

En la tercera estrofa el hablante poético elabora la descripción de su traje y una taza de té mientras hace alusión al efluvio de un bálsamo: "Arropada en su manto de brocado turquí, / en la taza de jaspe bebe sorbos de té / mientras arde a sus plantas aromoso benjuí" (9–11). La presencia del textil, los colores, los minerales, el té y el aroma del "benjuí" nos transportan al "gabinete" del escultor Recaredo en LMEC o al interior de la habitación de Casal descrita por Ramón Meza.

El final de "La Venus china" es emotivo. A pesar de que el hablante poético remite la belleza de la figura china a la Venus, la última imagen de la figura, simbólicamente, es aquella de una mujer lesionada.

> Mas irguióse la Venus . . . Y el encanto se fue
> pues enjuto en la cárcel de cruel borceguí
> era un pie de faunesa [*sic*] de la Venus el pie. . . .

La "Venus china" es "herida" en sus pies al levantarse. Aquí hay que tomar en cuenta que en la cultura china por muchos siglos ha existido la costumbre de torcerle los pies a las mujeres. Al final del soneto quedan las huellas de dolor ya que la belleza y tranquilidad que evoca el primer verso se contrapone al dolor que emana el silencio producido por la elipsis que antecede la afirmación de la voz poética: "el encanto se fue." De la misma forma, la elipsis final nos remite doblemente a la sensación de dolor ya anticipado antes. El dolor se vuelve un silencio que mutila la palabra. "La Venus china" presenta un triste final que evoca una relación íntima entre la vida y el arte. Lo que queda detrás es la experiencia vivida ante el arte descrito y visualizado durante el proceso de lectura. Ahora somos nosotros los lectores quienes nos enfrentamos ante la "experiencia real" a la que alude Rama. Tal "experiencia" representada a partir de un objeto de arte oriental e "interpretada" por el escritor modernista se convierte en una representación textual propia y original. En las siguientes páginas veremos cómo "La muerte de la emperatriz de la China" es un texto fundador en la medida en que inscribe las bases de un fecundo orientalismo singularmente hispanoamericano que actuó como modelo de los textos arriba mencionados.

Reyes, emperatrices y chucherías

"La muerte de la emperatriz de la China" gira en torno a un insólito triángulo amoroso entre un escultor, su esposa y un busto de porcelana. La esposa, amenazada por la presencia de la porcelana, decide quebrar la estatua para deshacer el supuesto triángulo. En la superficie, se podría decir que el deseo del artista de vivir en un mundo estético es destruido por la mujer "real." Sin embargo una lectura detenida nos ofrece una rica amalgama de la dinámica que existe entre los personajes. Así como quien va abriendo un conjunto de cajas chinas, el texto elucida la relación entre artista y vida (su esposa) y el arte oriental (la porcelana).

El título "La muerte de la emperatriz de la China" nos propone un enigma que evoca las siguientes preguntas retóricas. ¿Acaso se trata de "la muerte" de un personaje histórico? Si ese es el caso, ¿a qué dinastía histórica de la China pertenece la emperatriz? ¿Será la emperatriz de la dinastía Wei, Tang o Song? Desde el comienzo, el título nos prepara para una "muerte" mientras hay una referencia histórica: en realidad existían dinastías chinas y emperatrices consecuentemente. El título actúa como un código que formula un enigma que será desmantelado al final del cuento. Se trata de un relato circular.

Un narrador omnisciente nos sitúa en un espacio que pareciera ser de ensueño. Nótese cómo la primera oración sugiere el comienzo de un cuento de hadas que inmediatamente se contrapone a la previa connotación histórica del título: "[d]elicada y fina como una joya humana, vivía aquella muchachita de carne rosada en la pequeña casa que tenía un saloncito con los tapices de color azul desfalleciente. Era su estuche" (61). El término "desfalleciente," por otra parte, establece una asociación ya connotada en el título ya que "desfallecer" sin el prefijo resuena a "fallecer," a la "muerte" aludida previamente. Por lo tanto, el adjetivo "desfalleciente" actúa como otro código que plantea otro enigma en otra dimensión, ya que esta vez nos encontramos en un espacio casi fantástico. La entrada del texto también sorprende porque a pesar de que nos coloca ante un

Capítulo tres

ambiente casi idílico, se pone en evidencia la presencia de una mujer aunque se le compare con "una joya humana." A través de preguntas retóricas y respuestas, el narrador presenta el nombre de la mujer, aunque claro, hasta aquí el escenario no deja de connotar un ambiente de ensueño:

> ¿Quién era el dueño de aquel delicioso pájaro alegre, de ojos negros y boca roja? ¿Para quién cantaba su canción divina, cuando la señorita Primavera mostraba en el triunfo del sol su bello rostro riente, abría las flores del campo, y alborotaba la nidada? Suzette se llamaba la avecilla que había puesto en la jaula de seda, peluches y encajes, un soñador artista cazador, que la había cazado una mañana de mayo que había mucha luz en el aire y muchas rosas abiertas. (61)

El espacio físico se contrapone a la realidad y, la supuesta jaula y su interior sugieren una perfección casi idílica. Este espacio interior impecable también refleja la forma en que el narrador presenta la naturaleza externa después de anunciar que Suzette y Recaredo, su esposo, iban de visita al campo:

> Habían ido luego al campo nuevo, a gozar libres del gozo del amor. Murmuraban allá en sus ventanas de hojas verdes, las campanillas y las violetas silvestres que olían cerca del riachuelo, cuando pasaban los dos amantes. . . . Después, fue la vuelta a la gran ciudad, al nido lleno de perfume, de juventud y de calor dichoso. (61)

Es interesante que a pesar de la belleza de la naturaleza del campo, la pareja viva simplemente en una pequeña casa en la ciudad. Asimismo, desde el comienzo, el narrador subraya que Recaredo era un artista especializado: "Dije ya que Recaredo era escultor? Pues si no lo he dicho, sabedlo," enfatiza (62). En ese sentido el cuento sugiere lo importante que era —por lo menos para un artista— vivir en las ciudades en aquella época finisecular en Hispanoamérica, tal como lo hicieron los escritores modernistas.

Para el escultor, Suzette, la mujer "real," es su fuente de inspiración ya que "la miraba como a una Elsa" y hasta "[e]n ocasiones dijérase aquel artista un teósofo que veía en la amada mujer algo supremo y extrahumano como la Ayesha de Rider Haggard . . ." (62). El intertexto de Ayesha, uno de los perso-

"La muerte de la emperatriz de la China"

najes de la novela de Haggard, *She*, nos anticipa para el final del cuento ya que en la historia de Haggard, "ella" tiene que ser obedecida y el final no es uno feliz. Por otra parte, la belleza de Suzette es comparada con el ideal artístico que el escultor encontrará en la figura china de porcelana. Es por eso que estratégicamente, la hermosura de Suzette es remitida a un código altísimo dentro del arte occidental. Recaredo apreciaba su "adorable cabeza, [que] cuando estaba pensativa y quieta era comparable al perfil hierático de la medalla de una emperatriz bizantina" (62). Cuando un regalo, "La emperatriz de la China," un busto de porcelana, llega a la casa desde Hong Kong, Recaredo centra toda su atención en la estatua. Al sacarla de la caja, se pregunta con admiración: "¿[q]ué manos de artista asiático habían moldeado aquellas formas atrayentes de misterio?" (64). Después, pasa a describirla así: ella tenía "una cabellera recogida y apretada, una faz enigmática, ojos bajos y extraños, de princesa celeste, sonrisa de esfinge, cuello erguido sobre los hombros columbinos . . ." (64). El busto de la "emperatriz," por otra parte, es presentado en otra dimensión. La estatua china es comparada con un óptimo modelo occidental ya que el artista se sentía tan orgulloso de poseerla que decide hacerle "un gabinete especial, para que viviese y reinase sola, como en el Louvre la Venus de Milo" (64). El hecho que el artista encuentre tal hermosura en el busto de porcelana de la China, que incluso, es comparable a una obra maestra occidental, sugiere la alta estimación del artista por el arte oriental. Lejos de ver éste último desde la superficie —como generalmente se miraría a un modelo "exótico"— Recaredo trata de articular cierta armonía a través de su percepción. La "emperatriz" es comparada con la Venus de Milo porque la belleza, como Roland Barthes sugiere en *S/Z,* "no puede explicarse realmente: se dice, se afirma, se repite, pero no se describe" (26).[10] Curiosamente, Recaredo toma como punto de referencia un símbolo de la belleza occidental. Al hacer esto, está intentando darle sentido a la belleza oriental a través de una "obra maestra" occidental y es así como la narración nos invita a cruzar fronteras, o, más bien a interpretar una obra artística a partir de un contexto hispanoamericano.

La belleza de la estatua es referida a un código cultural del arte con el cual el artista está más familiarizado. En ese sentido, éste comienza a mostrar el proceso de aproximación al arte oriental. Se compara la figura de porcelana oriental con una figura clásica con el propósito de trascender, de extenderse y comprender más a fondo los símbolos que le ofrece el artefacto oriental. Al someter la escultura oriental a una tautología occidental, el cuento recrea un contexto específico, una forma única de percibir y "traducir" el arte a partir de códigos que someten al artista a comparar el arte oriental con las formas que ya son parte de su imaginario estético y cultural.

El artista ve el modelo de la "emperatriz" en la Venus porque no encuentra otro código más supremo al cual referirla. La figura de porcelana de la China pasa a ser parte de una concatenación que trata de fusionar ambos, el arte occidental y oriental, a través de la escritura. Es por eso que al elevar la "emperatriz" a la cumbre del código del arte occidental, se establece una visión dialógica entre ambos tipos de arte. Es decir, se sugiere que la "emperatriz" es una réplica salida del código occidental. Sin embargo, tal afirmación corre el riesgo de manifestar que la belleza occidental es la única y la más pura. La percepción de Recaredo sugiere que el arte oriental es tan "bello" que goza de la facultad de poder ser remitido a la Venus aunque no sea necesariamente una réplica del prototipo occidental.

Como el artista ve a la "emperatriz" a la altura de la Venus de Milo, lo que hace es crearle un espacio único como aquel del arte que se exhibe en un museo. A propósito de las obras de arte, Walter Benjamin propone que éstas son apreciadas y evaluadas en diferentes planos y por lo tanto, dos polos son los que se destacan. En uno se acentúa el valor de culto; en el otro, el valor de exhibición que tiene la obra (224). Hasta este momento, LMEC presenta al artista tomando la postura de la segunda valoración artística a la que alude Benjamin: su taller se convierte en un microcosmos del macrocosmos que representa la alusión al museo. En un discreto rincón del taller, Recaredo le cede un espacio propio a su porcelana. Con esto, simbólicamente, el taller se convierte en un espacio donde el artista sugiere que su deseo es encontrar y fusionar parte de la armonía que encuentra en el arte occidental y oriental y recrear una consonancia entre ambos. Es decir, la alusión al "Louvre" connota un espacio occidental donde se exhiben obras de arte,

"La muerte de la emperatriz de la China"

y el taller del artista es un espacio citadino hispanoamericano donde la porcelana de la China recrea un contexto específico. Por lo tanto, simbólicamente la fusión de espacios opera como una representación de una manifestación ecléctica donde el arte oriental actúa como catalizador.

Por otra parte, no cabe duda que se le podría dar otra lectura a la aproximación a la porcelana en el cuento dariano. Cierto es que se podría decir que la Emperatriz poco a poco se va convirtiendo en nada menos que un fetiche. O sea el proceso en el cual un objeto inanimado se convierte en el objeto del deseo masculino. En términos psicológicos y partiendo de Freud, el fetichista, a pesar de reconocer que es imposible que exista un falo materno, simultáneamente acepta y rechaza que la madre ha sido castrada. Éste acepta la supuesta castración materna al aceptar que el objeto fetiche puede sustituir el órgano que "ha perdido" la madre. Al mismo tiempo, el fetichista rechaza la supuesta castración materna al reemplazar el fetiche por el falo. El fetichista desaprueba lo que ve —la mera ausencia del falo, el vacío— y en su lugar coloca el objeto de deseo el cual puede ser cualquier objeto que va desde un zapato o un abrigo hasta una parte del cuerpo. En ese sentido la emperatriz vendría a ser el fetiche de Recaredo sobre todo porque se trata solamente de un fragmento del cuerpo: un busto. Sin hacer a un lado esta posible lectura del cuento que me ocupa y sobre todo el hecho que es evidente la idolatría, lo que me interesa es más bien aproximarme al cuento desde una perspectiva más bien antropológica y estética.

Es por eso que resulta emblemático que Recaredo decida decorar el gabinete del busto de la emperatriz con objetos del oriente. Lo que anhela es que dentro del "nicho" la emperatriz esté rodeada de componentes que establezcan una relación dialéctica con la porcelana. El artista quiere que la estatua reine dentro de un espacio límpido y depurado, casi espiritual. En este sentido, la porcelana va adquiriendo poco a poco el valor del "culto" al que Benjamin se refiere. O, como el antropólogo del arte David Napier sugiere:

> Between object and context, is the ritual activity that marks the connection; it is within ritual that objective images become contextualized and contexts become image-making

Capítulo tres

> or imaginary. Thus, in ritual, objects and actions become contextual and connotative. They "identify" insofar as they demonstrate some absolute likeness existing between two things. . . . (xviii)

Siguiendo la línea de Napier, en LMEC, a la estatua se le separa del resto del taller por medio de la separación física del gabinete. Tal separación física connota, asimismo, una separación simbólica donde la porcelana adquiere otro sentido.

Recaredo, "en un extremo del taller formó un gabinete minúsculo, con biombos cubiertos de arrozales y de grullas" (64). Los biombos que el artista coloca y que el narrador "dibuja" recrean un espacio físico pero a la vez artístico y espiritual. Con ese gesto, el artista le comienza a rendir culto a la obra y en esa forma el objeto de arte recobra la intención y apreciación que se le daba al arte antes de llegar a lo que Benjamin llama "la era de la reproducción mecánica," la cual comienza a finales del XIX. Y amplía su pensamiento al señalar que originalmente, la integración contextual del arte encontró su expresión en el culto. Por ejemplo, las primeras obras de arte se hicieron para que formaran parte de un rito; primero se usaron para la magia y después para la religión. En otras palabras, el único valor de la obra de arte "auténtica" está basada en el ritual, el lugar de su valor original y aunque las bases rituales sean antiguas, todavía se puede reconocer el rito secularizado aún en las formas más profanas en el culto de la belleza (Benjamin 223). En el taller del artista, la "emperatriz" también connota un poder divino por los signos que la acompañan. En primer lugar, los "arrozales" —representados en el biombo— son símbolo de la vida y la fortaleza. Concomitantemente, las "grullas" como trasfondo sugieren la longevidad, metáfora del tiempo y espacio infinito que el artista desea encontrar en el reino del arte. Recaredo la protege con una serie de símbolos y códigos que usaría un artista oriental. Con un lenguaje poético, Darío colorea la efigie y el biombo logrando tal armonía que describe en una forma brillante los tonos artísticos que se encuentran en un altar oriental: "[t]oda la gama, oro, fuego, ocre de Oriente, hoja de otoño hasta el pálido que agoniza fundido en la blancura" (64). Con esto, se recrea un paisaje oriental (con los biombos sutilmente pintados como trasfondo) dentro del espacio de un taller citadino hispanoamericano.

"La muerte de la emperatriz de la China"

La incorporación de ese espacio oriental le sirve como santuario, lugar que irradia la inspiración que el artista goza y necesita. Incluso, llega al grado de ver la figura de porcelana como una diosa. Según la línea de pensamiento de Benjamin, quien sugiere que la existencia de la obra de arte, en relación a su aura, nunca se separa completamente de su función ritual, Recaredo logra rescatar y contemplar esa "aura" al brindarle culto a la estatua. En este sentido, la mirada del artista contempla el ideal artístico en este "ícono" cuya presencia y perfección le abre un mundo de horizontes que lo trasladan a un espacio puro y hasta sagrado.

El narrador describe que el artista tenía una gran inclinación por "japonerías y chinerías," ya que,

> hacía sacrificios por adquirir trabajos legítimos de Yokohama, de Nagasaki, de Kioto o de Nankín o Pekín: los cuchillos, las pilas, las máscaras feas y misteriosas, como las caras de los sueños hípnicos, los mandarinitos enanos con panzas de curbitáceas y ojos circunflejos, los monstruos de grandes bocas de batracios, abiertas y dentadas, y diminutos soldados de Tartaria con faces foscas. (63)

Aquí, se sugiere que el artista adquiere objetos del Oriente con el afán de llegar a conocer más a fondo a través de éstos el arte y la cultura, tal como se nota en la aproximación a la emperatriz. La importancia que se le da al arte oriental es más bien lo contrario al famoso pasaje del cuento "El Rey Burgués" donde el personaje poeta critica al rey por acumular objetos sin poder estimar su valor artístico ya que el rey amontonaba:

> ¡Japonerías! ¡Chinerías! Por lujo y nada más. Bien podía darse el placer de un salón digno del gusto de un Goncourt y de los millones de un Creso; quimeras de bronce con las fauces abiertas y las colas enroscadas, en grupos fantásticos y maravillosos; lacas de Kioto con incrustaciones de hojas y ramas de una flora monstruosa, y animales de una fauna desconocida; mariposas de raros abanicos junto a las paredes; peces y gallos de colores; máscaras de gestos infernales y con ojos como si fuesen vivos; partesanas de hojas antiquísimas y empuñaduras con dragones devorando flores de loto; y en conchas de huevo, túnicas de seda amarilla como tejidas con hilos de araña, sembradas de garzas rojas y de verdes matas de arroz; y tibores, porcelanas de muchos

Capítulo tres

> siglos, de aquellas en que hay guerreros tártaros con una piel que les cubre los riñones y que llevan arcos estirados y manojos de flechas. (Darío, *Azul* . . . 18)

Aunque ambos pasajes funcionan como intertextos que se reflejan uno al otro, la aproximación al arte oriental desde el punto de vista del escultor en LMEC y "El rey burgués" se contrapone completamente. El burgués que Darío presenta es el típico rico finisecular representante de una clase específica, un aristócrata que acumula los productos más ricos para rodearse de un ambiente de lujo.

Recaredo —en contraposición al "rey burgués" que acumula objetos de arte por el simple hecho de rodearse de exceso y sin la capacidad de estimarlos— "hacía lo posible por adquirir trabajos legítimos" (63). Nótese la exagerada enumeración de objetos orientales que se presenta en "El Rey Burgués." Tal acumulación se contrapone a la estética oriental donde siempre el espacio físico entre los elementos que se presentan es tan importante como el objeto mismo. En el "Rey Burgués" las "chinerías y japonerías" reflejan un caos, un desorden, metáfora del derroche del aristócrata finisecular. Además, es simbólico que los artefactos que posee el "rey" sean figuras que desde la mirada occidental puedan ser juzgadas como "feas" como son las "quimeras," una "fauna monstruosa" y los "dragones devorando flores de loto." La elaboración de ese escenario es una crítica del escritor de la acumulación de riquezas. Lo opuesto se ve en la colección de Recaredo quien "con sacrificios" adquiere artefactos orientales que van desde una sombrilla a unos cuchillos y unos cuantos diminutos soldados. El artista de LMEC es como el pobre poeta que aparece en "El Rey Burgués" quien le dice al rey que "el arte no viste pantalones, ni habla burgués, ni pone los puntos en todas las íes. Él es augusto, tiene mantos de oro, o de llamas, o anda desnudo, y amasa la greda con fiebre, y pinta con luz, y es opulento, y da golpes de ala como las águilas o zarpazos como los leones" (*Azul* . . . 19).

Recaredo adorna su figura de porcelana con pequeños objetos que no son necesariamente objetos de arte (fino) sino artefactos culturales de la China y el Japón que estaban al alcance de un público de varios estratos económicos y sociales: "alrededor de ella [la emperatriz] había colocado Recaredo todas

"La muerte de la emperatriz de la China"

sus japonerías y curiosidades chinas. La cubría con un gran quitasol nipón, pintado de camelias y de anchas rosas sangrientas" (64). En una manera formidable, se combina la presencia del llamado "arte fino" el cual es en este caso la porcelana de la China, con "curiosidades." El empleo del término "curiosidades" en este específico contexto no debe de confundirse con la alusión a "chucherías" o a lo que en francés sugiere el término *bibelot*. Este último término alude precisamente a las "chucherías" que se compraban con la obsesión de acumular objetos únicamente por amontonarlos. Como Rémy Saisselin sugiere, la maña de coleccionar estaba ligada a la sensibilidad nerviosa del aburrido mundo moderno y ésta se diseminó aún entre aquéllos que carecían completamente de sensibilidad artística (69–70). En contraposición, al escultor de LMEC, lejos de faltarle la "sensibilidad artística," sus "curiosidades" o sea, los pequeños artefactos, cobran un sentido simbólico al ser "usados" como objetos que pasan a formar parte de un contexto que busca una armonía casi trascendental.

Saisselin subraya la distinción entre las llamadas "chucherías" y un "objeto de arte":

> Anyone could acquire bibelots—all you needed was money. But not anyone could collect or acquire objets d'art: Good objects of art give to a room its crowning touch of distinction. Their intrinsic beauty is hardly more valuable than their suggestion of a mellower civilization—of days when rich men were patrons of the "arts of elegance" and when collecting beautiful objects was one of the obligations of noble leisure. The qualities implied in the ownership of such bibelots (i.e., works of art) are the mark of their unattainableness. The man who wishes to possess objects of art must not only have the means to acquire them, but the skill to choose them—a skill made up of cultivation and judgment, combined with the feeling for beauty that no amount of study can give. . . . (72)

Teniendo presente que en el cuento dariano el artista tiene la sensibilidad para apreciar la obra de arte, en este caso, la porcelana, lo que hay que acordarse es lo que connotan las "curiosidades" con las cuales Recaredo rodea a la estatua. El "quitasol nipón" que Recaredo coloca a un lado de la emperatriz, por lo menos en la tradición china y japonesa, aparte de ser símbolo de realeza, generalmente se coloca con elementos del arte budista.

Para el artista el arte oriental es una verdadera pasión, "Recaredo amaba su arte," señala el narrador (62). El busto de porcelana lo inspiraba a formar su propio arte lo cual resulta simbólico porque aquí se demuestra que un artefacto oriental también fue el motivo que iluminó y alimentó la creación del artista. La apreciación por los motivos orientales en el cuento es un reflejo de la búsqueda del ideal estético modernista. Octavio Paz lo nota al referirse a la estética del movimiento al llamarla "escuela de pureza artística" cuyo "esteticismo no brota de una indiferencia moral. Tampoco es un hedonismo. Para ellos el arte es una pasión, en el sentido religioso de la palabra, que exige un sacrificio como todas las pasiones" (*Cuadrivio* 20). Esto se nota con claridad en la relación entre Recaredo y la estatua ya que él la miraba con una pasión casi divina y la figura lo inspira a crear un arte casi "religioso" en el sentido en que el artista quería alcanzar tal pureza artística que encontraba en la estatua. Llegó al grado de ofrecerle "un plato de laca yokohamesa [donde] le ponía flores frescas todos los días" (64). La "emperatriz" se convierte en un icono al que le hace reverencias. El código cultural que el artista utiliza para rendir honor al busto está íntimamente ligado al budismo. Así como un religioso budista veneraría una estatua de Buda, Recaredo actúa como un devoto ante la imagen oriental.

El gabinete que le construye es una especie de santuario budista.[11] Hasta cierta medida el artista adopta la noción búdica al tratar de meditar, de encontrarse así mismo y reconocer su propia naturaleza por medio de sus reflexiones ante aquella figura. Para ese fin, Recaredo trata de purificar su mundo interno, estado que solamente alcanzará por medio de la meditación. Recaredo, "después de dejar la pipa y los cinceles, llegaba frente a la emperatriz, con las manos cruzadas sobre el pecho, a hacer zalemas. Una, dos, diez, veinte veces la visitaba. Era una pasión" (64). Al hacerle tales reverencias, el artista medita y, a través de la visualización del objeto que se presenta ante sus ojos, trata de alcanzar una paz interna que le inspirará a crear. Así como en el budismo donde la habilidad de poder visualizar es una forma de concentración y meditación donde se puede encontrar la verdad y la belleza, el artista contempla

"La muerte de la emperatriz de la China"

la figura que él mismo ha convertido en una especie de Bodhisattva. El narrador dice "[t]enía, en momentos, verdaderos arrobos delante del busto asiático que le conmovía en su deleitable e inmóvil majestad" (64).

Por lo tanto, la aproximación visual al objeto oriental y la fusión de espacios y códigos tanto occidentales como orientales producen un texto que trasciende fronteras culturales mientras que enriquece el imaginario oriental hispanoamericano. Tal hecho es una alternativa u otra perspectiva de representación. De acuerdo a críticos e historiadores del arte como Linda Nochlin quien analiza el arte visual europeo del siglo XIX subraya que en su mayoría, las representaciones del Oriente son un producto que refleja el instrumento del imperialismo (34). Y amplía su pensamiento, al plantear que las visiones del Oriente eran altamente selectivas y creaban arquetipos orientales en las cuales la "otredad" —la mujer— del sujeto oriental descrito podía ser inmediatamente identificada. Asimismo enfatiza que la crueldad, la tiranía, la negligencia, el fatalismo y la decadencia cultural generalmente justificaban la dominación europea sobre el Oriente. Nochlin añade que en tales representaciones, los europeos están visualmente ausentes pero psicológicamente presentes porque constituyen una mirada de poder, jerárquica, una mirada que controla (37). En LMEC no se puede negar que la figura de la China es presentada a partir de una mirada masculina heterosexual y desde una "periferia" occidental. Sin embargo, la estatua presenta una imagen digna de ser apreciada aunque sin duda se enfatiza que se trata de un poder adquisitivo.

A la luz de la percepción del artista en el cuento dariano, el arte del Oriente remoto, lejos de ser alienado o codificado con elementos ya sean pueriles o peyorativos, Recaredo ve en la estatua un modelo perfecto. En ese sentido, hay una alternativa mucho más compleja y dinámica a aquélla que propone Said al subrayar que al oriental siempre se relacionaba a elementos de la sociedad occidental como los delincuentes, los dementes, las mujeres y los pobres, adjudicándoles siempre una identidad que bien se puede describir como lamentablemente extraña, rara, insólita (206). La innovación que LMEC ofrece es que el artista al encontrar tal perfección en un símbolo oriental está remitiendo, o sustituyendo si se quiere, el "origen," la creación del arte occidental por el arte oriental. A partir de la emperatriz, el artista se inspira a crear un arte que es ecléctico. Del mismo modo, al enaltecer la estatua china al nivel de un origen occidental (la Venus), ya se está invirtiendo el mito de que el arte occidental es el modelo perfecto del arte universal. Es por eso que no se niega el mito occidental de que la Venus de Milo es el "origen," la "obra maestra," sino que se utiliza el mito occidental y posteriormente pasa a ser aplicado a una estatua china.[12] La emperatriz se convierte en el modelo, el origen del cual se pueden recrear solamente ciertos rasgos; característica que se manifiesta en la acción del artista quien "estudiaba sus menores detalles . . . la nariz pulida, el epicantus del párpado" (65).

Al enaltecer una estatua de la China a partir de un contexto hispanoamericano, el cuento hilvana un diálogo mucho más complejo de lo que parece. Como Van Damme lo propone, para poder saber más sobre la estética del arte no-occidental debemos entrar en el campo de la "experiencia afectiva" (14). Tal "experiencia" es la que LMEC elucida con gran maestría. Asimismo, Van Damme plantea que cuando se ha estudiado el arte no-europeo (en su ejemplo, el arte africano), el énfasis siempre ha estado enfocado en un objeto, en un acto o en la técnica de su producción. En otras palabras, énfasis se le ha dado a los resultados: las obras de arte, mientras que las costumbres, la estética e incluso las medidas de evaluación de su creación y recepción se ignoran (14). Sin embargo, a partir de la percepción del arte oriental a través del personaje Recaredo, Darío nos acerca, en la medida que se puede, a esas "costumbres" al tratar de proyectar la vitalidad, la funcionalidad, la relación entre artista-arte y el contexto específico que se recrea a partir de un artefacto que actúa como catalizador.

Por otra parte, el texto no sólo elucida una refinada figura de porcelana y sus gallardos atributos sino que también saca a relucir artefactos que podrían percibirse como "feos" a partir de una mirada que no está familiarizada con las diferentes manifestaciones de ciertos tipos de arte oriental. En el pasaje donde el narrador elabora el conjunto de objetos que Recaredo posee, enumera las "máscaras feas y misteriosas, como las caras de los sueños hípnicos, los mandarinitos enanos con panzas de cucurbitáceos y ojos circunflejos, los monstruos de grandes bocas de batracios, abiertas y dentadas ..." (63). Dichos elementos de contraste están presentados a propósito, en posición antitética y sirven como complemento a la gracia de la emperatriz. Tales elementos de "fealdad" abyectos y "desagradables," presentados a partir de la mirada del narrador, actúan en misión de contraste aunque para el artista dicha "fealdad" repercuta cierta atracción estética. Al exponer dichos contrastes, el texto manifiesta que la dinámica que ocurre entre arte-artista es mucho más compleja de lo que aparenta. Es por eso que en otro plano, aunque Suzette, la esposa de Recaredo, es su fuente de inspiración, una especie de musa "comparable al perfil hierático de la medalla de una emperatriz bizantina," no tiene la sensibilidad para apreciar el arte en la forma en que el artista lo hace (62). Irónicamente, ella ve el taller como "un templo de raras chucherías" mientras que la actitud de Recaredo sugiere que él está consciente que, por lo menos sus "curiosidades" y la figura de porcelana no solamente representan lo que se podría percibir como bello sino también como insólito.

En la misma "fealdad" el artista trata de encontrar cierta armonía estética que coincide con la forma en que se manifiestan algunas configuraciones orientales. Es decir, por lo menos en representaciones chinas o japonesas (sobre todo), en lugar de tratar de idealizar ciertas formas, acciones, ideas o emociones, existe un irresistible impulso artístico de ver y representar la vida —o sus deidades— en una forma humorística o "terrible."[13] En ese sentido, ese tipo de arte puede figurar —de acuerdo a una mirada occidental— todo excepto una manifestación de belleza. Es por eso que la "fealdad" del arte oriental frecuentemente se percibe como una transformación de un aspecto natural a lo fantasmagórico, como algo deforme de un aspecto imposible. Por otra parte, dentro de la perspectiva oriental, existen representaciones artísticas que figuran cierta fealdad ideal. Es decir, hay manifestaciones que voluntariamente son representadas como "feas" ya sea por la extravagancia de los gestos, de los iconos o como "grotescas"; y todas las simbolizaciones pueden ser "ridículas" u "horribles" de acuerdo a algunos parámetros de la estética occidental.

Recaredo es capaz de apreciar todas las figuras que posee ("las máscaras feas y misteriosas" y los "mandarinitos

Capítulo tres

enanos"). El artista, aficionado al arte, lejos de percibir la "fealdad" de acuerdo a una perspectiva exclusivamente occidental, trata de comprender, de apreciar, de darle sentido al arte oriental en todas sus manifestaciones. Van Damme indaga sobre la "fealdad" en representaciones artísticas no-europeas, subraya que,

> form may also be judged to be an apt or appropriate formal expression of meaning which is *not* evaluated positively. A clear example of this is the appraisal of form or a configuration of forms as being successful in its intentional ugliness. As evidence from Africa, for example, demonstrates, deliberately ugly works of art often derive their effect from successfully rendering meanings which in themselves are not favourably assessed, such as immorality or sickness. In the case of intentional ugliness, forms may thus be judged *positively* owing to their aptness in expressing such *negatively* evaluated *meanings*. To differentiate the aesthetic judgement of intentional ugliness from what is generally referred to as the evaluation of "beauty," one could argue that when both referential meaning and the way this semantic component of the object is formally expressed are favourably assessed, we are dealing with a positive aesthetic appraisal in terms of what is conventionally called "beauty." (153–54)

Por lo tanto, lo que Van Damme sugiere es que lo "feo," cuando está bien realizado, acaba por tener un valor positivo. En el cuento dariano, la "fealdad" evoca una otredad necesaria para subrayar la hermosura verosímil de la estatua.

Eventualmente, el busto de porcelana termina por ser destruido por la esposa de Recaredo. La mujer, por celos, es la que rompe los lazos entre artista-arte, la que no permite que él siga viviendo anonadado en el reino del arte. Irónicamente, el escultor no es capaz de darse cuenta que su esposa se siente amenazada por la presencia de la porcelana. Desde que la emperatriz llega al taller, hay una serie de connotaciones que se repiten: Recaredo primero admira la porcelana, luego se convierte en un ídolo, le pone flores, le hace reverencias. Sus actos voluntarios y ceremoniales de placer impiden que el personaje no logre comprender lo que le está sucediendo a la esposa.

El narrador es quien le advierte: "¡[t]iene celos, señor Recaredo! Tiene el mal de los celos, ahogador y quemante, como una serpiente encendida que aprieta el alma. ¡Celos!" (65). Es simbólico que una serpiente represente el síntoma de la angustia de la mujer quien será la fuerza destructora del insólito "triángulo amoroso." Asimismo, la mujer simbólicamente adquiere las características de la fascinante y a la vez terrible figura famosa de la *femme fatale*. Esta imagen —tan repetidamente presentada en el fin de siglo— es por un lado un "ángel" de belleza, y, por otro, una especie de demonio y destrucción.[14] Suzette quien, primeramente, a la luz de Recaredo poseía "algo supremo y extrahumano," paulatinamente, sintiéndose celosa y sin remedio, intensifica sus esfuerzos de una manera destructiva y al final termina por ser una suerte de fuerza malévola. Así como la *femme* cuyo placer es atraer a los hombres para terminar destruyéndolos, Suzette, en lugar de destruir al marido resquebraja la estatua. Al hacer esto, la mujer también destroza la traslación del artista y su aproximación a su mundo ideal. La destrucción absoluta de la estatua sugiere la muerte física del objeto y, al mismo tiempo, la ruina espiritual del artista. La "muerte" de la porcelana rompe con la unión espacial entre el mundo idílico y objeto y disgrega —aunque sea momentáneamente— el alma del artista. De todas formas, la mujer (así como la *femme fatale*) termina por ser la fuerza maligna y destructora que impide que el artista obsesionado con una mujer —en este caso simbólica— continúe sumergido en el reino del ideal. Es interesante que Darío presente a una mujer como la fuerza destructora que hace que el artista regrese al mundo prosaico.

La práctica de destrucción de estatuas es un fenómeno bastante frecuente en el Occidente. Sobre todo, cuando se trata de una relación entre modelo-femenino y artista-masculino. En cambio, en LMEC, es la mujer la que rompe el supuesto triángulo amoroso y las cadenas que enlazan el relato. En *S/Z*, Barthes, quien analiza la intención de quebrar una estatua por parte de un escultor personaje en *Sarrasine*, señala que el acto de quebrar una estatua "es perturbar la permeabilidad de los sentidos, su *encadenamiento*, que como la lengua, es clasificación y repetición" (170). Dicha interrupción en LMEC, hecha a propósito de una mujer, impide la contemplación del artista hacia su modelo ideal. Una estatua es quebrada. Un relato se termina. Sin embargo, la aproximación a la complejidad de un artefacto oriental que Darío presenta a través de este texto se duplica, se recupera cada vez mediante el proceso de lectura.

El cuento dariano, por lo tanto, no solamente elucida las fuentes que inspiraron a los modernistas a partir de un objeto específico sino que inscribe en las letras hispanoamericanas la tradición de aproximación y apreciación al arte oriental en América Latina. Asimismo, el texto manifiesta cómo la "apropiación" de objetos culturales recrea un espacio donde se lleva a cabo un diálogo multicultural. Cuando un artefacto traído de otros mundos sirve como modelo y actúa como catalizador de un nuevo contexto, indirectamente ese objeto ayuda a darle un sentido más profundo a la cultura propia. Como Napier sugiere en cuanto a la "apropiación" de manifestaciones artísticas del Lejano Oriente por parte de los griegos, cuando uno va más allá para encontrar una imagen que defina la cultura propia, uno alcanza los límites del mundo desconocido; así como los antropólogos o viajeros cuyo mundo depende de una lista de países con los cuales están familiarizados, la identidad depende de la codificación y de la asimilación de otros lugares que quizás en realidad no se conozcan totalmente más que el recuerdo neblinoso de lo que una experiencia pasada frecuentemente lo permite (Napier 108). Por lo tanto, en el cuento dariano, aunque la imagen de la "emperatriz" no nos ayuda del todo "definir nuestra propia cultura," por lo menos la porcelana de la China nos ayuda a conocer momentos históricos entre el Oriente e Hispanoamérica. En fin, "La muerte . . ." *revive* ese contacto.

Capítulo cuatro

Pintura y peregrinación en la poesía oriental modernista

Son éstos los sitios
tal y como mis ojos los perciben,
y así los represento para quienes
no viajan.
Hokusai

Desde el Dios hasta el samurai,
desde el águila hasta el bambú,
todo lo dibujó Okusai
en la "Mangua" y en el "Guafú."
[...]
Cuando ya eras un bodhisava
y logró tu pincel prolífico
que viviera cuanto trazaba,
una imagen o un jeroglífico...
José Juan Tablada
"El poema de Okusai"

En los capítulos anteriores, elucidé cómo parte del imaginario oriental modernista se produjo a partir de interpretaciones basadas en un viaje real y a través de la aproximación y apreciación de artefactos culturales. Para aquéllos que no viajaron al Oriente los artefactos pictóricos orientales fueron los catalizadores a través de los cuales interpretaron arte, crearon arte y aprendieron sobre la íntima relación que une al arte, la naturaleza y religión oriental. En ambos casos, el acercamiento al Oriente como lo manifiestan los textos, connota una suerte de trayectoria, un desplazamiento que invita a contemplar paisajes y cuadros y a trascender fronteras culturales a partir de la presencia de objetos de arte. Paralelamente, esa noción de desplazamiento hacia otro lugar se revela en uno de los manifiestos programáticos modernistas donde Eugenio Díaz Romero señala que los propósitos del movimiento eran precisamente emprender una suerte de *viaje* ya que la agenda de los miembros era:

> Levantar oficialmente la bandera de la peregrinación estética, que hoy hace con visible esfuerzo la juventud de América Latina, a los Santos Lugares del Arte y a los desconocidos Orientes de ensueño: mantener al propio tiempo que el pensamiento de la innovación, el respeto a las tradiciones y a la jerarquía de los Maestros. . . . Luchar porque prevalezca el amor a la divina Belleza, tan combatido hoy por las tendencias utilitarias.[1]

En el contexto modernista, la "peregrinación" sugiere una *búsqueda* de una expresión ideal, bella, exquisita y pura. Por otra parte, el término "peregrinación" connota un traslado, una suerte de viaje físico y a la vez místico y espiritual.

El crítico Aníbal González elucida que los literatos finiseculares tenían un profundo interés en el antiguo tema de la conversión porque éste, irónicamente, tenía que ver con su ímpetu de transformación y de reiniciación que era "típico de la modernidad" (124). Y añade que el tema de la conversión está ligado a otro tópico cristiano que es "el de la *peregrinatio,* el de la vida como un peregrinaje hacia Dios. En una tradición que data desde San Agustín, la 'confesión' es el recuento de una vida antes que ésta inicie conscientemente su *peregrinatio* hacia Dios cuando todavía el sujeto vaga descarriado por el mundo" (125). Y añade que el viaje modernista siempre se describe como una vuelta a los lugares sagrados (133). Incluso, a propósito del regreso de Darío a Nicaragua en 1907 —*Viaje a Nicaragua*— González señala que el texto está presidido por un yo que va en búsqueda de paz y que lo que aparentemente pudiera ser un relato de viaje se adhiere a una suerte de conversión, confesión y peregrinaje. Por lo tanto, aunque Darío escribió sobre Nicaragua, hay una serie de alusiones al Oriente. En ese sentido, lejos de "orientalizar" Nicaragua tiene que ver más bien con una vuelta hacia la "fuente renovadora del Origen" (136). Por otra parte, para aquéllos que sí viajaron al Oriente como Gómez Carrillo, Rebolledo y Tablada, el viaje fue un camino que les ofreció la oportunidad de visitar lugares célebres y religiosos y por lo tanto, en ese sentido, su travesía también fue una especie de peregrinaje. Al mismo tiempo, esa experiencia les permitió indagar por medio del lenguaje la expresión ideal que buscaban.

En uno de sus relatos de viaje, Gómez Carrillo describe su visita a Nikko, sitio apartado del bullicio de las ciudades, cerca de las montañas, poblado de templos sintoístas y budistas. Lo que el viajero describe refleja un espacio nítido, puro, casi ideal:

> He entrado por la Puerta divina. Sin detenerme en las ciudades laboriosas, he venido hasta el corazón mismo del país, con objeto de oír, en la excelsa paz de estas tardes estivales, las voces milenarias de la selva, de las leyendas y de los torrentes. La casita en que me hospedo está suspendida en el espacio, cual uno de aquellos nidos que en los cuadros de Hokusai se mantienen en equilibrio increíble en los muros carcomidos. Cuando corro las ventanas de papel, el perfume de los lirios penetra en la estancia, entre cantos de cigarra y murmullos de arboledas. (*El Japón* 70)

La "Puerta" imaginaria por la que ha pasado el viajero es simbólica no porque se trate del tránsito hacia un lugar sagrado donde se encuentran innumerables templos budistas sino porque éste va en búsqueda de un lugar tranquilo donde pueda encontrar una paz espiritual. En ese sentido, su experiencia sugiere un doble viaje: uno es el viaje físico hacia la naturaleza; el otro es meditativo porque va hacia dentro, hacia su interior.

La experiencia del guatemalteco a los lugares sagrados se adhiere, en práctica, a los "propósitos" que revela el manifiesto modernista. Es decir, al elegir apartarse del "bullicio" de las ciudades que le presentaba la modernidad oriental, el escritor voluntariamente emprende una especie de peregrinaje hacia el lugar más sagrado, al "corazón," del Japón. Aparte de ser un lugar religioso, Nikko es famoso por sus bellezas escultóricas y por el primor de la arquitectura de sus templos. Por lo tanto, es también un "Santo Lugar del Arte" aunque claro, aquí me refiero al arte de la arquitectura, escultura, pintura y la decoración del interior de los templos de Nikko mientras que el manifiesto modernista alude al "Arte" de una expresión donde se enfatiza la naturaleza superior y hasta sagrada del lenguaje y sus fuerzas de expresión.

Capítulo cuatro

Precisamente por medio del arte de la buena escritura, se presenta la naturaleza real y exterior en perfecta armonía con su estado interior de paz y tranquilidad. El ambiente exterior, casi idílico cuya naturaleza es intacta también se yuxtapone al espacio interior de la "casita" donde solo la ligera hoja de papel que reemplaza el cristal de la ventana la separa y donde se interioriza nada menos que el sonido de la naturaleza. El ambiente parece ser aquél de un "Oriente de ensueño," tal como lo sugiere el manifiesto modernista.

Resulta interesante que el paisaje que tiene ante la vista lo compare con aquellos que ha visto en las pinturas del famoso pintor japonés Hokusai. Un panorama real, perfecto y nítido donde encuentra un ambiente de paz lo conduce a meditar sobre un lugar imaginario tal como se manifiesta en un cuadro pictórico. Por eso la "casita" donde se aloja está "suspendida en el espacio" donde éste no sólo connota un lugar físico sino que es análogo al cosmos donde todo está en armonía, en perfecta concordancia con la naturaleza, su paz espiritual y la belleza artística.

La búsqueda de lo sublime, tal como lo manifiesta el relato de Gómez Carrillo, se hace patente sobre todo en el discurso poético modernista donde la voz poética repetidamente se va desdoblando en un tránsito, en una incesante búsqueda del ideal. En el caso de Darío, en "El reino interior," por tomar un ejemplo, se hace alusión a un Oriente que parece de ensueño:

> Al lado izquierdo del camino y paralelamente, siete mancebos —oro, seda, escarlata, armas ricas de Oriente—, hermosos, parecidos a los satanes verlenianos de Ecbatana, vienen también....[2]

Por otra parte, en ocasiones la voz se encontraba en un tránsito donde indagaba las incertidumbres de la vida. En *Cantos de vida y esperanza*, Darío escribió:

> Y la vida es misterio; y la luz ciega
> y la verdad inaccesible asombra;
> la adusta perfección jamás se entrega
> y el secreto ideal duerme en la sombra.
>
> (115)

Esta especie de desilusión que siente la voz inclinaba al poeta a continuar su incesante búsqueda del ideal, de la armonía. En *El canto errante,* el poeta dice "he meditado ante el problema de la existencia y he procurado ir hacia la más alta idealidad."[3] Aquí, el poeta, en su búsqueda de lo sublime, se asoma a su interior para meditar sobre la vida, sobre la existencia. Su tendencia de mirar hacia dentro refleja una inquietud casi mística donde éste quisiera ser trasladado hacia lo esencial.

Varios críticos han apuntado que los modernistas reaccionaron en contra de los "excesos" del romanticismo los cuales presentaban la ordinariez de la forma y la insistencia en los mismos lugares comunes.[4] Asimismo, como el manifiesto modernista sugiere, la búsqueda de la "divina Belleza" no implicaba desechar otras tradiciones ni vivir el "arte por el arte" sino no permitir que el utilitarismo tan difundido hacia finales de siglo, obstaculizara el culto a la belleza que eventualmente transportaría al poeta a una experiencia sublime. Como enfatizó Jrade, el ideal que reconocieron y exaltaron los modernistas fue la belleza pero su esteticismo no fue superficial ya que sus modelos estaban tanto en la naturaleza como en el arte. Asimismo, los miembros del movimiento encontraron en el arte de otras culturas la libertad y belleza que buscaban (*"Modernismo," Modernity* 24). Sobra decir que la búsqueda del ideal se manifestaba por medio de particular atención a formas innovadoras y a la destreza formal del lenguaje poético. Es decir, el poeta ponía en la poesía su ideal de perfección, llevándolo tan lejos que parecía difícil alcanzarlo.

El crítico Manuel Durán sugiere que uno de los rasgos que diferencian a los modernistas de los románticos es que los modernistas presentan la naturaleza bajo una forma más "civilizada," casi perfecta, y "manipulada" (240–43). En cambio, para los románticos, la naturaleza era "rural," "agreste," "salvaje" y "hostil" (240). Sin embargo, en repetidas ocasiones, la naturaleza no es una naturaleza real sino ideal. Como Octavio Paz sugiere a propósito del primer poema de *Cantos de vida y esperanza,* la "selva" a la que alude el poema es ideal ya que no está hecha de árboles sino de armonía ya que "el arte tiende un puente entre uno y otro universo: las hojas y ramas del bosque se transforman en instrumentos musicales" (*Cuadrivio* 43). Sin embargo, por otra parte, en varias de las apologías al arte,

Capítulo cuatro

los poetas implícitamente sugerían la noción romántica de que el vate era una especie de abate cuya virtud podía transmitir diferentes formas de percepción. En el famoso pasaje de Darío en *El canto errante* dice:

> Pienso que el don del arte es aquel que de modo superior hace que nos reconozcamos íntima y exteriormente ante la vida. El poeta tiene la visión directa e introspectiva de la vida y una supervisión que va más allá de lo que está sujeto a las leyes del general conocimiento. La religión y la filosofía se encuentran con el arte en tales fronteras, pues en ambas hay también una ambiencia artística. (En *Poesías completas* 697)

Para Darío, el poder creativo es un "don," en el sentido en que los poetas son los individuos capaces de establecer concordancias entre la naturaleza, la humanidad y las fuerzas divinas del universo. De este concepto en que el artista es aquel que se inspira divinamente y quien posee el "don" de percibir la naturaleza y el espíritu, subraya una de las modalidades románticas que adquirió el discurso modernista.

Así como los modernistas emprendieron una suerte de "peregrinación" hacia paisajes ideales —como señala Paz— y "pintaron" a través de poesía y prosa, para ensayistas y poetas orientales el viaje o peregrinaje fue una condición necesaria para crear diarios de viaje y poesía. Para Basho, uno de los grandes poetas japoneses del siglo XVII, la poesía era en sí misma un camino, una trayectoria relacionada íntimamente con el viaje a varios parajes naturales y religiosos. Incluso, en forma de *haiku* escribió: "Me llamarán por el nombre de / 'caminante'; / tempranas lluvias de invierno" (Rodríguez Izquierdo 264). El poeta sentía el ímpetu de ponerse en comunión con los volcanes, los lagos, los árboles y visitar templos sagrados. En su libro consagrado, *Sendas de Oku,* Basho compagina ensayo y poesía. En realidad se trata de una especie de diario de viaje donde se intercalan poemas y donde la alusión a paisajes en diferentes formas del año se "pintan" de acuerdo a las impresiones del poeta. Para éste, el viaje real era, en efecto, un peregrinaje donde su experiencia con la naturaleza viva y externa le brindaba la oportunidad de emprender una búsqueda interior y espiritual. A propósito de *Sendas de Oku,* Octavio Paz sugiere que en el diario/poemario,

Pintura y peregrinación

> [d]esde las primeras líneas Basho se presenta como un poeta anacoreta y medio monje; tanto él como su compañero de viaje, Sora, recorren los caminos vestidos con los hábitos de los peregrinos budistas; su viaje es casi una iniciación y Sora, antes de ponerse en marcha, se afeita el cráneo como los bonzos. Peregrinación religiosa y viaje a los lugares célebres —paisajes, templos, castillos, ruinas, curiosidades históricas y naturales— la expedición de Basho y de Sora es asimismo un ejercicio poético: cada uno de ellos escribe un diario sembrado de poemas. . . . (*El signo y el garabato* 114)

Tomando en cuenta que el concepto de "peregrinación" en el contexto de varios discursos modernistas sugiere un trayecto, una búsqueda de un ideal artístico, un anhelo de alcanzar lo sublime, un recorrido espiritual, así como un traslado —no necesariamente real o físico— hacia otro lugar, en las páginas que siguen me concentraré en un ensayo poético y lo compararé con varios poemas cuyas transposiciones del paisaje, surgen de la inspiración evocada en la pintura oriental delineada en grabados, estampas y pergaminos. De esta forma se podrá ver cómo es que valiéndose del paisaje connotado en el arte oriental, el discurso modernista emprende una "peregrinación" tanto espiritual como la búsqueda de una estética.

Hiroshigue, un pintor japonés y poesía

Hiroshigué: el pintor de la nieve y de la lluvia, de la noche y de la luna [1914] de José Juan Tablada, es un extenso ensayo que se distingue radicalmente de otros. En primer lugar, únicamente treinta ejemplares fueron publicados en papel especial y cada ejemplar fue numerado y sellado —página por página— por el autor.[5] Asimismo, en las primeras páginas aparecen varios dibujos que fueron singularmente coloreados personalmente por Tablada. Hiroshigue Ando fue un paisajista.[6] El tono del título resuena a un verso poético donde se enumeran elementos naturales. La *nieve,* la *lluvia,* y la *luna* connotan el ciclo de las estaciones del año. Curiosamente, primero se evoca el invierno por medio del vocablo *nieve;* la connotación de la primavera y el verano se enuncia por medio de la alusión a la *lluvia.* Y, la *luna,* como una de las grandes poetisas japonesas lo articuló: "Para admirar a la luna prefiero una noche de otoño a mil de otras estaciones"; se relaciona íntimamente con octubre u otoño.[7] Tal como las estaciones del año van pasando, el título implícitamente prepara a los lectores a emprender una especie de viaje que los llevará a admirar varios paisajes de Hiroshigue a través de la recepción, interpretación y descripción del hablante textual.

La estructura del ensayo es significativa. En lugar de "Prólogo," Tablada emplea el vocablo japonés "Torii." Por medio de una nota al pie de página el autor escribe, "ante mi libro este prólogo es como el pórtico sagrado ante los santuarios del shintoismo: un pórtico semejante en su forma a la A . . ." (ix). En un nivel simbólico, tanto en la tradición oriental como en la occidental, un pórtico es la entrada a la casa de Dios. Por lo tanto, el paso por tal estructura es el punto de transformación, la transición controlada de lo físico a lo metafísico. En la tradición sintoísta, la religión más antigua del Japón, los rituales efectuados a cierto "kami" (o espíritu de la naturaleza) se llevan a cabo en un espacio que separa el "Torii" del templo principal. Incluso, no hay rito que se lleve a cabo sin el paso por esa estructura. Por lo tanto, cruzar un "Torii" en sí ya es un acto de purificación necesaria. Simbólicamente, en el ensayo de Tablada pasar/leer el "Torii" o prólogo es en sí ya una condición necesaria para emprender el "viaje" que es análogo al acto de lectura.

Durante su vida, el pintor Hiroshigue viajó incesantemente por todo Japón con el objeto de aprender e inspirarse y así producir sus grabados. El viaje, el cual está íntimamente relacionado con el peregrinaje a varios templos sintoístas y budistas, fue la fuente de inspiración de varios pintores que eran a la vez calígrafos y poetas. "Los meses y los días son viajeros de la eternidad. El año que se va y el que viene también son viajeros. Para aquellos que dejan flotar sus vidas a bordo de los barcos o envejecen conduciendo caballos, todos los días son viaje y su casa misma es viaje," escribió Basho (55). Tablada, durante su viaje a Japón por lo menos, no peregrinó a la manera de Basho o Hiroshigue aunque sí utiliza una metáfora que se adhiere a los conceptos religiosos sintoístas y budistas. Éste revela: "por el mundo pictórico de Hiroshigué, hace largos años que transito, como infatigable peregrino" (x). El modernista, así como lo hizo el poeta religioso y peregrino japonés, "peregrina" a través de los cuadros trazados por el pintor. Por lo tanto, el peregrinaje que ha emprendido el hablante textual manifiesta no solamente su fascinación por los grabados sino que el "tránsito" mismo insinúa la "apropiación" del concepto oriental del peregrinaje en su búsqueda de una experiencia sublime y de un ideal estético. Estos conceptos se ven claramente en su poema "Elogio del buen *haijín*":

> Francisco Monterde García Icazbalceta
> es *haijín* sincero y cabal poeta;
> gayo romero, fiel peregrino
> que ama igual a la piedra y a la flor del camino.
>
> El *haijín* es el poeta del *haikai*
> que, disociando el panorama, ve
> el trazo sutil del pincel de Hokusai
> y el jocundo color de Hiroshigué.
>
> (1: 609)

El poema fusiona precisamente el intento del hablante de *Hiroshigué* al poner en juego el concepto del peregrinaje, la naturaleza y la poesía. Un "haijín" es un poeta de *haiku*. Aquí la voz poética elogia la poesía que Monterde escribió en forma de *haiku* al mismo tiempo que se está proponiendo cómo se debe escribir un buen poema de esa forma ya que un verdadero poeta puede encontrar la belleza hasta en una pequeña "piedra." Nótese cómo en la segunda estrofa hay una fusión de elementos donde armoniosamente se conjuga la poesía (el *haikai*), un paisaje no descifrado que alude intencionalmente al espacio físico de la estética oriental, los trazos pictóricos de uno de los grandes maestros, Hokusai, y la alusión al uso del cromatismo de Hiroshigue, el pintor.

En el ensayo el hablante advierte que su estudio de estampas japonesas ha sido un proceso, un viaje imaginario si se quiere, que ha contemplado por mucho tiempo. Para éste, dicho proceso manifiesta su anhelo de querer alcanzar cierta comunión espiritual inspirada por medio de la contemplación del arte, la cual lleva a este hablante a querer crear arte por medio de la palabra al mismo tiempo. Estratégicamente, Tablada, citando a Hokusai, así como lo hizo Gómez Carrillo, señala: "son éstos los sitios tal como mis ojos los perciben, y así los represento para quienes no viajan" (15). Implícitamente,

Capítulo cuatro

comunica que su experiencia, al contemplar el arte del maestro Hokusai (y Hiroshigue), es una vía por la cual va a expresar por medio de la palabra, pinturas de lugares "tal como sus ojos los perciben," valga la expresión de Hokusai. El acto de contemplar el arte para después describirlo ya implica una travesía.

Dentro del marco del Torii, el hablante dice, "[como peregrino] con la rama de un abeto de sus selvas, hice mi báculo; el agua de sus lluvias traigo en el calabazo atado a la cintura; he cosido las conchas recogidas en sus mares en la parda esclavina del romero; y la nieve de sus crepúsculos ha caído ya sobre mis cabellos" (x). Este pasaje sugiere que durante el viaje imaginario, el supuesto peregrino va meditando en una incesante búsqueda de un momento de vislumbramiento, tal como lo practican los artistas y devotos budistas. El hablante, a través del proceso de aproximación a los paisajes orientales manifestados en los cuadros, recorre con el simbólico "báculo" distintos panoramas. Análogamente, el acto de recorrer caminos, dentro de la tradición de la secta budista del zen que tanto influyó al sintoísmo y las artes como son la pintura, poesía, jardinería, arquitectura y el teísmo (ceremonia de té) no tiene que ver solamente con la inspiración que lleva al artista a reproducir lo que está ante su mirada, sino a su perpetua búsqueda de llegar a encontrar un estado de iluminación interior que eventualmente lo llevará a un estado de conciencia pura sin objetos mentales o corporales. Es decir, dentro del zen —el cual significa meditación— se busca un vislumbramiento interior, un estado de absoluto vacío anímico que permite la percepción inmediata de la realidad, de la naturaleza universal de la que el individuo forma parte. Análogamente, el hablante de *Hiroshigué,* va haciéndose camino mientras insinúa la búsqueda de una iluminación no sólo a la manera budista sino a la manera de la práctica modernista (y por ende cristiana) de querer alcanzar una experiencia sublime a través de la creación y/o transporte del arte ya sea visual o poético. Por eso no está de sobra que en el poema "Elogio del buen *haijín*" fusiona los siguientes elementos:

> En todo vierte su amor el *haijín,*
> sabiendo que del sol a la célula
> y del ángel a la libélula
> el alma universal no tiene fin.

Pintura y peregrinación

> Fuera de Asís si no fuera de Budha;
> la esencia del Logos, el *haijín* lo sabe,
> duerme en la planta y en la piedra es muda,
> perfuma en las flores y canta en el ave.
>
> (1: 609)

Así como el austero San Francisco de Asís peregrinó toda su vida, Budha en su incesante búsqueda por llegar a alcanzar un vislumbramiento renunció a todo. Ambos, tanto el Santo católico como el líder religioso, descalzos y vestidos en trapos vagaron por todas partes. Análogamente, el "haijín" de este poema solamente tiene la naturaleza a su alrededor y ésta es y será su única fuente de inspiración.

De la misma manera, en su afán por conciliar la "peregrinación" de una estética modernista con la peregrinación estética y religiosa oriental, el hablante de *Hiroshigué* fusiona elementos que sugieren pertenecer a su imaginario cultural hispanoamericano por la alusión a la simbólica "selva" la cual es epítome de un espacio natural que más bien se adhiere al paisaje de América. Asimismo, su "peregrinación" le inspira a utilizar elementos naturales como el agua, la cual connota purificación y, en este caso, simbólicamente se asocia con el proceso de depuración del espíritu del hablante que trata de enunciar por medio de la palabra un estado espiritual que quisiera alcanzar. Las "conchas" son como signos que van "cosiendo" la escritura y que la depuran al inscribirla en la "esclavina" que representa el lienzo de un "romero" o peregrino imaginario oriental.

No sería arriesgado decir que la arquitectura del marco simbólico y metáfora del "Torii" es análoga a la "puerta" de entrada a un espacio que se asemeja al reino interior, espacio repetidamente manifestado en el discurso modernista. Pero a diferencia de la definición de Aching, quien sugiere que los modernistas solían meditar en espacios cerrados los cuales se representaban a través de talleres, salones y castillos, la naturaleza sigue siendo vigente aun cuando está interiorizada (28). En el caso de Hiroshigue el marco simbólico del ensayo actúa precisamente como templo dentro del cual se va a contemplar la obra pictórica del pintor. Tablada explícitamente subraya que por medio de su pluma va a hacer un "templo votivo." Sin embargo, dicho templo será un espacio dedicado al pintor y a

Capítulo cuatro

la veneración de éste. Incluso, llega al grado de llamarlo "kami" como los devotos sintoístas llaman a sus dioses o espíritus naturales (xi). "Ese templo es este libro" y amplía su pensamiento en esta forma:

> Quisiéralo sin el oro de los artificios retóricos, desnudo y austero como esas capillas shintoistas, de madera impoluta y balsámica, donde siguen perfumando como invisibles inciensos, las resinas de las selvas centenarias. Escrito en prosa que fluyera en rumor agreste como las cascadas que en Yamato [Japón] se despeñan junto a los templos. (xi)

La arquitectura simbólica del libro como "templo" donde supuestamente se va a venerar a Hiroshigue sugiere que hay cierta tensión entre el deseo del hablante y entre lo que lleva a la práctica. Es decir, éste se encuentra ante la paradoja de querer producir por medio de la palabra la sencillez con que está construido un templo y, al mismo tiempo, quisiera manifestar la belleza de los grabados. A través de la palabra se anuncia el contrasentido evocado en la estética de los templos y el arte budistas: ambos irradian cierta simplicidad exquisita.

Tal paradoja se refleja en el estilo de su escritura. El hablante quisiera un templo "sin el oro de los artificios retóricos" pero al mismo tiempo lo escribió en "prosa que fluyera." Es decir, no se resiste y elabora precisamente lo que está en contra de su deseo: una prosa poética que sí fluye y que nos recuerda el estilo "preciosista":

> [Hiroshigue] exaltó la ferocidad lujuriosa de sus bosques y sus parques con verdor de eternas primaveras; volcó en sus ríos, en sus canales y en sus esteros, aludes de turquesas y lápizlázulis; deshizo en el cielo de las auroras polvo de rubíes y de zafiros; desmayó en sus crepúsculos espíritus de topacio y amatistas; hizo más blanco el claror de la nieve que la enlutaba en el invierno mortal; acrisoló el oro sus otoños, acordando su paleta en los brocados del erablo y como si eso no bastara, animó sus paisajes con figuras de vistoso indumento, empavesó los santuarios con mástiles y flámulas y banderolas; desplegó cortejos de daimios sobre los puentes; evocó en todas partes la tradición vetusta; exhumó a la leyenda de sus hondos relicarios y asomó por doquiera el rostro locuaz y expresivo de la vivaz anécdota. (54–55)

Pintura y peregrinación

No cabe duda que en su anhelo de querer alcanzar un ideal estético por medio de su apreciación e inspiración al arte, el hablante utiliza un estilo muy elaborado que choca con su deseo ya que, como lo ha manifestado antes, quisiera hacer de su libro un "templo austero," pero obviamente, su devoción por armonizar la forma le impide, en este caso, una escritura depurada en tres escasos versos como lo haría un poeta de *haiku*.

Dentro del marco del "Torii," Tablada introduce elementos naturales manifestados en la obra del pintor Hiroshigue, los cuales, de acuerdo al mexicano, no solamente tienen "alma" sino que también "hablan."

> Habla la Nieve, como si la animara el espíritu de "Yuki onna" [Mujer de las Nieves]. . . . Habla la lluvia, con la monotonía de un largo soliloquio o el apresurado fraseo. . . . Habla la luna que en el Japón, más que en país alguno, es la bien amada del Poeta. . . . Pero también habla la noche con la polifonía en sordina de sus coloraciones neutras en que los paisajes parecen velados por un crespón, o sumergidos en profundidades submarinas, o entrevistos bajo los gruesos vidrios de un aquarium. (ix–x)

El énfasis en los elementos naturales como objetos capaces de enunciarse y articular la cosmovisión que los rodea dentro del mundo pictórico de Hiroshigue revela, asimismo, un afán de crear arte a través de la escritura por medio de una fusión entre pintura y poesía tal como se manifiesta en el arte japonés. Es decir, para Tablada los elementos pictóricos "hablan" por sí mismos aunque es precisamente por medio de la palabra que el poeta nos aproxima a tales elementos. Desde la apertura del ensayo se sugiere que la naturaleza, viva o representada a partir de un cuadro, es la única que puede mostrar su propia índole, por eso "habla."

Si bien la naturaleza siempre ha sido motivo de inspiración de todos los poetas, dentro del sintoísmo, sobre todo, la naturaleza se asocia con las deidades naturales como son las estrellas, las montañas, los ríos, la lluvia. En *Hiroshigué*, Tablada se vale de ese concepto sintoísta y su veneración por la naturaleza y del concepto del zen, cuya doctrina sugiere que todo elemento natural es el único que puede "hablar" por sí mismo. Es decir, por ejemplo, una montaña es la única capaz de "decir,"

Capítulo cuatro

de articular qué es una montaña. De acuerdo a Octavio Paz, en los modernistas había una suerte de añoranza por la unidad cósmica donde el universo se veía como una suerte de correspondencias regidas por el ritmo "donde la naturaleza se dice a sí misma en cada uno de sus cambios" (*Cuadrivio* 26). Aquí también hay un paralelo en lo que Paz sugiere en cuanto a la importancia de la naturaleza en el zen y el arte japonés:

> Gracias al budismo Zen la religiosidad japonesa se ahonda y tiene conciencia de sí misma. Se acentúa el lado interior de las cosas: el refinamiento es simplicidad; la simplicidad, comunión con la naturaleza. Las almas se afinan y templan. El culto al mundo natural, presente desde la época más remota, se transforma en una suerte de mística. (Basho 43)

Para Tablada los conceptos sintoístas y zenistas, los cuales exigen una íntima relación entre el ser/la naturaleza y el universo, le resultaban bastante atractivos porque como se ha notado, éstos tienen paralelos con la forma en que el hablante textual percibe (o se "apropia") de la naturaleza oriental tal como se describe en los cuadros de Hiroshigue. Después de la alusión al "Torii," el ensayo está dividido temáticamente en cuadros de templos, montañas, volcanes, festivales, peces, ríos y varias vistas del antiguo Japón. Antes de pasar a la parte central del ensayo, la cual, en mi opinión, es aquélla que alude a la descripción de las montañas, analizaré "Paisaje nipón," un poema de Efrén Rebolledo.

Es evidente que la poesía y el ensayo dialogan entre sí. Esto muestra cómo es que no sólo Tablada encontraba en los paisajes orientales una naturaleza nítida e intacta sino también cómo otros modernistas también trataban de vincular el arte, la naturaleza y religión por medio de asociaciones simbólicas que se adhieren a filosofías orientales. Lo más interesante es que "Paisaje nipón" hace alusión a un "tori"[8] y además se asimila en una forma impresionante a la forma en que el hablante de *Hiroshigué* describe el paisaje. Nos enfrentamos al poema como a un cuadro, fundamentalmente con la vista. Se trata de un cuadro descriptivo que se desarrolla por medio de imágenes en descendencia y de contrastes visuales.

> Se destacan a manera de polícromos crespones
> En un fondo azulturquesa los celajes vespertinos,

Pintura y peregrinación

> Y mintiendo hostiles garras, en violentas contorsiones
> Se separan de los troncos los ramajes de los pinos.
> (Rebolledo, *Obras completas* 74)

El color y la realidad de este cuadro se convierte en una proyección. A través de varios elementos se crea un elaborado efecto de colores: el *azulturquesa* en el fondo de los celajes y el *polícromo* de los *crespones*. Por otra parte, la alusión a los elementos que se encuentran en movimiento generan yuxtaposiciones que contrastan con las *hostiles garras* y *violentas contorciones*. Mientras la voz poética suspira al ver los maravillosos *celajes,* el movimiento sugerido por un implícito viento de "contorsiones" se presenta en contraste con la serenidad que la voz poética revela al ver ese paisaje japonés.

El movimiento y asimetría que se presenta se adhiere a los principios estéticos del zen. Es decir, las antiguas pinturas paisajistas chinas y japonesas cuyos valores y virtudes difieren tan marcadamente de las obras occidentales han sido la entrada al mundo del zen para mucha gente. En la estética china y japonesa el énfasis está en su asimetría más que en su simetría. Para Nancy Wilson Ross esas obras de arte que son aparentemente simples, tienen la capacidad de sugerir un matiz incomparable que encarna el misterio de la vida y su enfática calidad hogareña; por ejemplo, se pinta un pájaro descansando sobre una rama; el árbol torcido por la nieve; las montañas distantes a medio velo; la gente siempre pequeña, no en el frente, como el "maestro" que todo lo busca pero que se relaciona como parte de todo (11). Asimismo, el "cuadro" sugiere una distancia física y anímica con respecto a la naturaleza representada. En la segunda parte del poema de Rebolledo, esa voz se acerca a la entrada de templo:

> Un esbelto tori que ornan entallados ideogramas
> Se levanta frente al templo que el boscaje cubre a trechos,
> Y surgiendo el obscuro laberinto de las ramas
> Endereza una pagoda su perfil de cinco techos.

Mientras la voz construye la arquitectura del "tori," se hace implícita alusión a la escritura china por medio de los *ideogramas*. El ojo de esta voz sugiere meditar ante dos elementos: uno cercano, el "tori," el cual insinúa su afán de querer alcanzar un estado de comunión espiritual; y, uno lejano, en el cual

Capítulo cuatro

un inmenso bosque que se pierde en el "obscuro laberinto de las ramas." Nótese cómo por medio de la palabra, la "pintura" revela una paradoja: mientras trata de acercarse a cierto estado espiritual, por medio de la distancia penetra en los elementos de la naturaleza como las "ramas" hasta desgajarla dándole vitalidad y dinamismo.

La enorme panorámica que se presenta, sugiere que la voz, así como lo haría un espectador, contempla desde arriba, un campo. Se personifican los arrozales los cuales se "miran esparcidos." Hay una insistencia en el empleo del color verde. Así como quien estuviera construyendo una escala monocromática, el hablante va enfatizando el color verde a través de la evocación a los *pinos, boscajes* y *ramas*. Incluso, se intuye el verde de los *arrozales* durante su fructífera estación, el verano:

> Afelpados arrozales que calientan los ardores
> Del estío, se dilatan como un lago terso y puro,
> Y se miran esparcidos en veredas y labores
> Los pacíficos labriegos de kimono azuloscuro.

La alusión a las figuras humanas, pequeñas en contraste con la inmensidad del paisaje, subraya que es un paisaje monumental: a los "labriegos" parece dárseles la misma importancia que a los elementos naturales. Aquí hay un paralelo con la interpretación del hablante de *Hiroshigué* quien medita en cuanto a la vida y obra del pintor al aludir a los arrozales los cuales fueron motivo de su inspiración: "por la vasta ciudad ha de haber peregrinado, transeúnte de sus calles y bogando sobre sus canales, desde las septentrionales riberas del Sumida hasta los campos de arroz y los cupresinos boscajes de Shinagava" (51).

Otro aspecto que es importante notar es que la voz va "pincelando" y meditando las vistas de "Paisaje nipón" en descenso. Así como un pincel va obedeciendo el espíritu del artista budista, sin interferencia alguna, la palabra exige la mirada de un paisaje vertical donde primero se alude al cielo; de allí, se percibe un amplio bosque con una pagoda; y, por último, una visión hacia el arroz impone imaginarlo hacia abajo. Por lo tanto, la mirada de la voz ve el paisaje pero por un momento, clava la mirada en el "tori" mientras medita, invita a contem-

Pintura y peregrinación

plar una obra que sugiere estar representada en un rollo vertical muy típico de la pintura oriental.

En la última parte, la voz cambia abruptamente al exponer elementos que van en dirección antitética:

> Vuela un cuervo desgranando sus graznidos estridentes,
> Y en el río perezoso donde firman mil arrugas,
> Dejan ver sus duras conchas y sus lomos relucientes
> Un tropel de vivos peces y flemáticas tortugas.

El vuelo del cuervo sugiere que el ave va hacia arriba, hacia lo transparente, hacia la claridad. Sin embargo, el paisaje vertical sugiere planos superpuestos los cuales exigen que los lectores "levanten" y luego inclinen la mirada junto con la voz poética. Abajo, la calma del río translúcido sugiere la meditación de la voz que trata de depurar su alma y llegar a alcanzar una comunión con la naturaleza que vive debajo del agua. Una vez más, "Paisaje nipón" presenta cuadros muy parecidos a aquellos descritos en *Hiroshigué*. "¡Horas febriles y encantadas!" medita el hablante al mirar un cuadro del pintor japonés cuyo tema es la vida acuática:

> La estridulación de las cigarras ensordecedoras e invisibles parecía arrancar de las ramas trémulas las hojas del erablo que se iban con el viento ... A flor de agua las tortugas emergían alargando bajo el musgoso carapacho la testa viperina, ávidas de sol y parpadeando a sus rayos con voluptuosa beatitud. (52)

Rebolledo, así como Tablada, no sólo se inspiraron en las pinturas de Hiroshigue sino también en aquellas de Hokusai y de Utamaro. Incluso, Tablada le dedicó un poema a Hokusai, "El poema de Okusai":

> Desde el Dios hasta el samurai,
> desde el águila hasta el bambú,
> todo lo dibujó Okusai
> en la "Mangua" y en el "Guafú."
>
> (1: 348)

Aquí todo está sintetizado; desde la admiración por el gran pintor, la alusión a su diversidad temática y las historietas

Capítulo cuatro

"mangua," uno de los géneros preferidos por el pintor japonés. Por otra parte, lo más curioso es que para ambos modernistas (Tablada y Rebolledo), la naturaleza presentada en un cuadro no era solamente una obra curiosa, lejana y "exótica" sino una naturaleza digna de ser admirada, contemplada y descrita a través de un ojo que daba un paso más allá, que trataba de darle un sentido búdico a la aparente simplicidad de un cuadro. Casal, quien no viajó al Oriente como Tablada o Rebolledo, también admiraba con fervor producciones pictóricas orientales. En su crónica "El arte japonés: a vista de pájaro," resume lo siguiente sobre un libro de arte:

> Viendo la obra por encima, muchos hombres que presumen de graves y de serios, la considerarán como un simple álbum de curiosidades ornado de grullas picoteando granos de arroz, de monstruos terribles que soportan el cuerpo delicado de extrañas mujeres, de casas levantadas a orillas del agua, de tapices de seda, recamados de oro y de mil extravagancias que sólo interesan a los desocupados, sin detenerse a extraer la profunda filosofía que está contenida en cada una de esas aparentes fruslerías. (*Prosas* 2: 159)

Casal no pudo haber sido más específico; su aproximación a cuadros orientales surge a partir de un libro. Sin embargo, el arte, tal como él lo percibe, adquiere un valor "filosófico" y no se trata solamente de una "curiosidad" superflua de puro lujo.

Así como el "Torii" en la tradición sintoísta actúa como un pórtico sagrado, dentro del discurso modernista, como se ha visto, es un marco simbólico del que el escritor se vale para "peregrinar" y buscar una expresión ideal por medio de la alusión a un paisaje idílico. Al mismo tiempo, ese "peregrinaje" o viaje imaginario por medio del paisaje connotado en cuadros invita a hacer un viaje interior, casi místico.

El más típico santuario de la belleza se encuentra precisamente en la entrada a un hogar japonés. A este espacio se le llama "tokonoma" y es donde generalmente se cuelga un *kakemono* y tal vez una flor en un recipiente simple, sobre una mesa, un banquillo o una repisa. "Sitio de honor, ara y relicario" le llamó Tablada a ese espacio por tratarse de un lugar que opera como un nicho y pórtico sagrado al mismo tiempo (30). Casal escribió un poema que alude a una representación pictórica a partir de un *kakemono*. Por tratarse de un artefacto al que frecuentemente se refiere Tablada en *Hiroshigué* y porque ocupa un lugar espacial (en el umbral de un hogar) que connota un "Torii" me parece de suma importancia analizarlo.

"Kakemono" de Casal está compuesto de cuatro estrofas de diferentes extensiones. El título sorprende ya que está escrito en japonés. "Kakemono" es específicamente una pintura vertical enrollable que generalmente se cuelga en el espacio que actúa como un santuario en la entrada de una casa. Los temas delineados en los *kakemonos* son de motivos religiosos porque la introducción de ese tipo de arte al Japón fue a través del budismo y sobre todo del zen. Sin embargo, dado el hecho que el sintoísmo fue profundamente influenciado por el budismo, en los temas de los "kakemonos" aparte de haber alusiones a los *kami* (o espíritus de la naturaleza) hay también alusiones a figuras imperiales ya que dentro del sintoísmo se cree que la familia imperial descendió de un "kami," la diosa del sol. La erudición de Casal, y de Tablada por extensión, sobre este tema se hace palpable en estos sencillos versos que le dedica a Hokusai: "Cuando según el dicho tierno / de tu siempre irónico tono: / te llamaba el dios del infierno / para pintarle un kakemono" (Casal, *Prosas* 1: 350).

En la primera estrofa de "Kakemono" de Casal, la voz manifiesta que se trata de una pintura de una figura femenina. Sin embargo, a pesar de que se trata de una pintura oriental, la voz insinúa que la figura le ha pedido al *arte* que le brinde un acercamiento a la cultura japonesa: "pediste al arte su potente auxilio." Desde aquí, el arte es el vehículo por el cual la mujer "dibujada" se acerca a esa cultura y, también es el arte por medio del cual la voz poética permite que los lectores se acerquen a éste. Desde el principio la mujer delineada en el "kakemono" parece ser occidental.

La pintura también refleja cierto eclecticismo en otro plano. Los elementos que rodean a la figura, como el *quitasol* "pintado," no sólo anuncian que se trata de la presentación de un artefacto oriental sino que también circunscriben el movimiento, la rápida acción de dibujar espontáneamente como es el caso de la pintura zen ya que las *mariposas* se encuentran "revoloteando entre azulinas flores." En el discurso modernista, el azul encierra el concepto de pureza. Es asimismo símbolo de la

Capítulo cuatro

elevación desinteresada del espíritu, del ideal con que sueña el artista. En esta estrofa hay una fusión de elementos que aluden al ideal artístico y espiritual tanto occidental como oriental:[9]

> Hastiada de reinar con la hermosura
> que te dio el cielo, por nativo dote,
> pediste al arte su potente auxilio
> para sentir el anhelado goce
> de ostentar la hermosura de las hijas
> del país de los anchos quitasoles
> pintados de doradas mariposas
> revoloteando entre azulinas flores.
>
> (En *Nieve* 75)

La "peregrinación" en búsqueda de una estética se manifiesta con gran destreza, por medio de la fusión de elementos orientales y occidentales. Por lo tanto, el acercamiento a la cultura oriental que la voz describe en este poema no tiene que ver solamente con la apreciación al arte oriental sino que se hace el intento de fusionar ideales estéticos orientales y occidentales a través de la implícita transformación de una figura.

El proceso de transformación de la figura es paralelo al acto de escritura (poesía) y al acto de pintura. Ese mismo proceso sirve, concomitantemente como un proceso del tiempo:

> hiciste que adquiriera los colores
> pálidos de los rayos de la luna,
> cuando atraviesan los sonoros bosques
> de flexibles bambúes. . . .
>
> (75)

El uso de adjetivos tenues combinados con el cromatismo afanoso y vital se combina con la lenta transformación de la mujer. Primero hay un lento cambio: de "colores pálidos" combinados con el verde glauco que hace percibir el "bambú." Hay una relación íntima entre ese proceso del tiempo con la combinación del movimiento de la música que inspiran los "sonoros bosques." La intensidad de los colores se recalca después al hacer alusión al *rojo cinabrio, ardiente pebetero, amarillo estera, blancas flores*. La blancura/luz de los colores aluden a la luz de la mañana al despertar y también a la transformación de la mujer que se mira ante el espejo.

En la tercera estrofa ya ha habido un cambio en la mujer: las acciones de ésta pasan a ser parte del pasado. Claramente, la mujer está vestida con un *kimono* muy especial ya que "era de corte imperial." La figura connota una especie de fuerza divina por tratarse de un kimono "imperial." Por lo tanto, la pintura muestra una figura religiosa. En ese sentido, la transformación de la figura a una fuerza divina es análoga al "viaje" ideal y a la vez espiritual que emprende la voz poética.

La mirada de la voz ahora se enfoca en la textura de la seda y en sus colores:

> el azul de brillantes gradaciones
> que tiene el cielo de la hermosa Yedo,
> el rojo que la luz deja en los bordes
> del raudo kisogawa. . . .
>
> (76)

Nótese cómo el azul está aún aquí tangible y connota el ideal artístico y al mismo tiempo la presencia de una fuerza espiritual y hasta divina. El contraste de colores fijados en el kimono está, además, íntimamente relacionado con la naturaleza de la antigua Tokio (Yedo) y con un río (el Kisogawa). No solamente se le pone atención al cielo —que una vez más connota el color azul celeste— sino al agua, manifestada por la implícita connotación del río sino a la simiente básica de aquel país, el arroz. Asimismo, está representada la flor del Japón, el crisantemo.

Se le da atención a detalles de animales que repetidamente están pintados en el *kimono:* "cigüeñas, mariposas y dragones" o "arañas." Como la voz poética lo sugiere, la prenda descrita es de corte imperial. Es por eso que hay alusión a una ayudante, una sierva.

Las descripciones ornamentales ocupan la cuarta estrofa:

> ¡En los jarrones,
> Biombos, platos, estuches y abanicos
> No trazaron los clásicos pintores
> figura femenina que reuniera
> tal número de hermosas perfecciones!
>
> (77)

El hablante cierra el poema con artefactos orientales que he comentado en otros capítulos: biombos, platos, estuches, y abanicos. La belleza de la mujer no puede ser igualada precisamente porque se trata de una mujer de corte, única, que

Capítulo cuatro

simboliza el camino de un ideal artístico, y por eso está dibujada en un *kakemono*. La pintura se convierte en una especie de arte religioso donde se venera la figura. Éste es el artefacto por medio del cual la voz poética emprendió un "viaje." Primero fue un "viaje" a través de la estética y en búsqueda de una estética. Sin embargo, ese "viaje" termina siendo un "viaje" espiritual, hacia el interior, el cual se lleva a cabo por medio de la implícita devoción y recepción mística de la voz ante la figura que se ha transformado en una manifestación divina.

Es evidente, una vez más, que para Casal, así como para Tablada y Rebolledo, los artefactos pictóricos orientales fueron los catalizadores a través de los cuales interpretaron el arte y crearon arte al mismo tiempo. Sobre todo, y, más importante aún, es que éstos aprendieron sobre sí mismos y sobre la naturaleza de un artefacto traído desde afuera y contextualizado en su propio ambiente; se tratara de un grabado, un libro, o un *kakemono*.

Así como Casal alude a un artefacto que se cuelga en el umbral de un hogar, y manifiesta el proceso de aproximación al arte que eventualmente lleva al poeta a meditar frente a un cuadro que connota una figura mística, Tablada en numerosas ocasiones encarna la visión del pintor japonés Hiroshigue mientras se imagina el proceso creativo del artista. El proceso de creación, desde una perspectiva oriental, está íntimamente relacionado con la meditación búdica ya que ésta impone la tarea de meditar lentamente y ensayar (en el caso de la poesía y la caligrafía) de manera constante hasta que el pincel obedezca al espíritu. El hablante de *Hiroshigué* trata de articular la experiencia artística —y religiosa— del pintor. En otras palabras, este hablante no solamente crea transposiciones pictóricas sino que personifica la meditación y contemplación del artista por medio de la palabra. Con emoción escribe:

> Shita ni! (de rodillas), el paisajista absorto, por el papel desgarrado de una mampara, o a través de los finísimos transparentes del bambú, veía, como velada por las gasas del sueño, la feérica procesión itinerante. Su pincel ansioso trazaba rápidos cróquis que captaban fugaces movimientos y belicosos ademanes o actitudes de imponente gravedad. (102)

Pintura y peregrinación

Es difícil trazar una línea entre lo que el hablante contempla y lo que construye. Es decir, en este caso parece ser una fusión entre apreciación pictórica y construcción biográfica del artista pintor.

Al mismo tiempo, sorprende que el hablante aluda a la rapidez del pincel del artista ya que, como he mencionado antes, la influencia del zen en la pintura exige que mientras se medita, se ejecuten trazos con la mayor rapidez posible. Bajo esa condición, el artista zenista busca el *satori* o iluminación interior, un estado de absoluto vacío anímico que permite la percepción inmediata de la realidad, de la naturaleza universal. El vacío (tao chino) y la nada (nirvana indio) combinan un lenguaje paradójico: es el vacío absoluto el que lo comprende todo —con un lenguaje abstracto— es la nada absoluta la que lo encierra todo.

El hablante de *Hiroshigué*, tratando de personificar la visión búdica que impone la meditación y la íntima comunión entre el artista y el paisaje que anhela representar, describe el instante de creación de su propio ensayo:

> En estos mismos instantes la ventana de mi estudio abierta al jardín primaveral lleno de color y de luz, me distrae del examen del libro que tengo abierto frente a mí. . . . Muestra el libro una Casa de thé [*sic*] en Fukagava, una "verandah" abierta sobre un paisaje de invierno. Y en mi jardín, sobre los ambarinos retoños de las acacias, sobre una tierna conífera verde azul como un jade, se abren las floraciones de las rosas de abril; "rosas negras" que tocadas de bermellón arden como luces de Bengala. . . . (71–72)

El paisaje que está mirando en el "libro," mientras escribe, se fusiona con la naturaleza viva que ve en su propio jardín. Incluso, el hablante recrea una especie de *collage* en los interiores de su casa con las estampas que tiene a la mano:

> Para estudiar las estampas, las he colocado a lo largo de una vitrina que corre en toda la longitud de un muro de la biblioteca japonesa y en estos momentos, cercanos al crepúsculo, soy testigo de un milagro de arte. La larga vitrina, con sus cristales dorados por la luz vesperal, se ha convertido en un aquarium, y dentro de ella los matizados peces de Hiroshigué parecen nadar ágiles y palpitantes como en las aguas

Capítulo cuatro

> de un vivero! Un gran pez azul y plateado avanza diagonalmente, y diríase que palpitan sus opérculos y se pliegan en el veloz impulso las membranas de sus aletas. (81)

Apreciar y "traducir" el arte oriental desde un espacio interior no fue único de Tablada porque como hemos visto, "Kakemono" alude a la manifestación de una pintura que se cuelga en el umbral, en un espacio límite de la "casa," en el lugar donde se efectúa un tránsito hacia el interior y el exterior. Sin embargo, vale la pena recordar que Tablada le llamó "Pórtico sagrado" o "Torii" al prólogo de su ensayo. En ese sentido, tanto el "Torii" como el *tokonoma* (lugar donde se pone el *kakemono*) son análogos a una puerta simbólica, al límite figurado que divide lo físico de lo metafísico y el exterior y lo interior.

En *Hiroshigué,* después del "Torii," el ensayo está dividido temáticamente. Lo que más llama la atención en términos de la estructura de éste es la parte central dedicada a las representaciones del volcán Fujiyama. "El egregio volcán," dice Tablada, "es castillo y templo por su forma y excelsitud" (78). La alusión al volcán como metáfora de un "templo" se convierte en otra metáfora ya que, si al marco estructural del ensayo (sin contar el "Torii") le ha llamado "templo" en otra ocasión, la representación del volcán en la parte central del texto manifiesta una doble metáfora. Asimismo, la mención del "castillo" aporta reminiscencias de la tradición occidental cristiana y también la oriental. La fusión de ambas metáforas, "castillo"/"templo," sugiere su deseo de crear por medio del lenguaje simbólico un espacio de pertenencia donde existe un encuentro entre Occidente y Oriente. Es en ese espacio donde se muestra el intento de querer fusionar diferentes conceptos religiosos. La montaña, elemento natural, se convierte en un espacio que el hablante trata de "reconstruir" a manera de templo/castillo. Éste subraya: "venerado y admirado el Fuziyama [Fujiyama o Monte Fuji] es visitado incesantemente por innumerables y piadosas peregrinaciones; su belleza es loada por los poetas y su imagen reproducida en toda obra de arte" (79). El hablante insiste en "peregrinar" como un viajero, pintor o poeta con el objeto de llegar a ese templo imaginario.

Es precisamente en la parte central del ensayo, donde el hablante textual trata de sintetizar su propia experiencia de la vida y la influencia que el arte oriental le ha proporcionado a su imaginario cultural. Mirando una estampa del volcán Fuji ejecutada por Hiroshigue, no resiste el deseo de compararla con el Iztacihuatl, un volcán mexicano y por ende, con la leyenda mítica azteca sobre la fundación del México antiguo:

> [la estampa] sorprende por su rara identidad con nuestra remota leyenda, podría llamarse: "La fundación de Tenochtitlán por un pintor japonés" aunque en realidad se titule: "Minato susaki," (La península de Minato). . . . Una enorme águila desciende sobre un campo parecido a nuestro valle lacustre, y en el horizonte perfílase un volcán semejante a nuestro Iztacihuatl. . . . La similitud con el asunto de nuestra vieja tradición, es absoluta; el campo y el agua, el volcán sobre el horizonte, el águila que baja, como en el geroglífico [sic] de Cuauhtemoc. . . . Sólo faltaría un grupo de figuras; el tropel de las errantes tribus pasmado ante la relación de las profecías de sus augures. (63)[10]

La comparación entre los dos volcanes nos remite a la metáfora anterior del castillo occidental y templo oriental. Si para el hablante el libro es un templo sagrado, una especie de nicho donde a través de la palabra puede encontrar un refugio, su comparación con el Iztacihuatl sugiere que este hablante ha comenzado un "viaje" espiritual que a la vez lo invita a indagar sobre su propio origen.

Como comenté en el capítulo 2, el viaje real hacia el Oriente, le dictó al escritor la condición de cuestionarse sobre su propia identidad. En este caso, el viaje imaginario hacia un espacio interior, o su intento de regresar al origen, lo presenta Tablada nada menos que en el poema "Exégesis":[11]

> Es de México y Asia mi alma un jeroglífico.
> ....
> ¡Quizás mi madre cuando me llevó en sus entrañas
> miró mucho los Budas, los lotos, el magnífico
> arte Nipón y todo cuanto las naos extrañas
> volcaron en las playas natales del Pacífico!

Es interesante que el hablante lírico cuestione su identidad por medio de la alusión a la cultura mexicana y japonesa. En el "jeroglífico," figura gráfico-pictórica y enigma a la vez, es donde se fusiona su "alma" y de donde parte su origen. Nótese

Capítulo cuatro

cómo se hace una referencia histórica al aludir a las "naos" de la China las cuales son precisamente las que introdujeron el arte del Lejano Oriente en América Latina. *Hiroshigué,* aparte de ser un proyecto pedagógico donde se elucida la historia y estética de un arte pictórico japonés específico y la influencia que el budismo y el sintoísmo ha marcado en éste, invita a conocer el origen del imaginario oriental hispanoamericano y a la vez manifiesta la madurez del poeta como crítico del arte. Como acabo de señalar, el regreso al origen es un cuestionamiento que éste se plantea y, el arte es en sí un catalizador por medio del cual se encuentran posibles respuestas a sus reflexiones filosóficas y culturales.[12]

Así como Tablada alude a la naturaleza perfecta e intacta manifestada a través de la alusión a un volcán, Rebolledo hace lo mismo. Para éste último en el poema "Fuji-No-Yama," contemplar y describir la aparente simplicidad del volcán tal como se presenta en la pintura elaborada a la manera del zen, es una forma de llegar a alcanzar una especie de "iluminación interior" a la manera budista. Como se verá, la aparente simplicidad de la pintura que describe la voz poética, se adhiere al concepto zenista *sabi* el cual se refiere a la simplicidad o soledad, a una progresiva independencia del mundo de los fenómenos que conduzca a la total vaciedad o *mushin.* De ahí que la aparente simplicidad presentada como un vacío expresa la belleza esencial del espíritu de la naturaleza con unas escasas pinceladas insinuantes donde se combina esencialidad y sugerencia.

"Fuji-No-Yama"[13] presenta la alusión al volcán inspirada a partir de un cuadro. Al compararlo con *Hiroshigué* se puede ver cómo la naturaleza (un volcán) se manifiesta en las pinturas desde la perspectiva de diferentes poetas. Escrito en 1907, el poema es una elegía al volcán japonés. "Fuji-No-Yama" significa lo mismo que "Fujiyama." El lirismo de esta pieza se acopla con la racionalidad de un movimiento y color que contiene cada verso, favoreciendo una armonía cuya cadencia se estructura en resonancias, accediendo a la relación melódica que conjuga sentido y expresión, forma y significado en un implícito diálogo entre la voz poética y el objeto de su inspiración. El hablante hace alusión al volcán como si lo estuviera contemplando en la madrugada:

Pintura y peregrinación

> Del alba transparente a los albores
> Muestra kimono cual la nívea espuma,
> Y poco a poco su perfil se esfuma
> En los cielos bañados de esplendores.

La brillantez y blancura del volcán están implícitas por la alusión al "alba" y los "albores." Hay una transposición de elementos; el elemento natural o sea el volcán, muestra un elemento material: el kimono, una prenda de vestir. Dicha alteración sorprende porque hasta aquí no se sabe si el volcán está representado a través de la tela de un kimono o si el sustantivo kimono es una estrategia utilizada que enuncia la personificación del volcán "vestido" con un kimono de nieve blanca. El tercer verso se contrapone al introducir cierto movimiento del volcán o de la mirada de la voz poética ya que dice: "su perfil se esfuma." El uso del término *esfumar* infiere que la mirada del hablante es aquélla de un "viajero" que va en tránsito y que mira la montaña desvanecerse a lo lejos. Por lo tanto, esta voz es análoga a la voz de *Hiroshigué* en su ámbito de que querer "viajar" o "peregrinar" hacia un espacio depurado que connota la blancura del volcán, elemento natural tan venerado por los poetas orientales.

La plasticidad y el movimiento se conjura en gradación. Los cuatro primeros versos introducen la preparación del cambio de color del horizonte: "El otro luego tiñe los colores / La vaporosa y matutina bruma," unido al movimiento, el cambio de color, trata de establecer cierto equilibrio con la luz aunque el resultado sea una "bruma matutina." Es decir, el sol y el color yuxtapuestos nos remiten a varios colores que irradian vida y transparencia a pesar de su transformación: la claridad del amarillo solar y el blanco y gris de la niebla.

Hay una oposición y contraste a los elementos naturales mencionados. Los siguientes versos se leen así: "Y entonces finge vaso de Satsuma / Que orna ramo polícromo de flores." Aquí se yuxtaponen dos campos semánticos: los que permiten comparar los colores de la naturaleza y los colores plásticos se manifiestan en los colores naturales y "artificiales" que connota la alusión al *kimono,* y al *vaso.*

Se trata de acentuar la imagen del "Fuji-No-Yama" a través de una concretización y sintetización de mínimas "pinceladas" tal como lo haría un artista del zen: "Su triángulo de gráciles

Capítulo cuatro

aristas / Es tema familiar de los artistas." Se insiste en fusionar el acontecer físico en la naturaleza por medio de la transformación de la imagen del volcán y la supuesta simplicidad que evocaría una pintura trazada con la tinta china. Aquí el hablante está tratando, por medio de la palabra poética, de "traducir" la experiencia de trazar una pintura zen que exige una creación espontánea, con mínimos brochazos. Al señalar que el motivo de su inspiración es una pintura sencilla que se ha trazado con tres líneas —el "triángulo de aristas"— nos remite a la esencia de la influencia del zen en la pintura elaborada por medio de unos cuantos brochazos. Es decir, la influencia zen en el arte hecho a tinta china implica una sustitución de los detalles agitados por la quietud, que representa la acción principal en la meditación profunda. El hecho de trazar sólo unas cuantas líneas sobre el papel, como lo percibe la voz, insinúa que lo que se percibe es un gran espacio en blanco sobre el papel. Al dejar ese espacio en blanco para que el observador/la voz lo llene, lo interprete, se adhiere al pensamiento zen, en el cual el espacio es de suma importancia ya que es precisamente el espacio mismo el que induce a la mente a meditar.

La figura del "Fuji-No-Yama" pasa por un proceso que articula, o que más bien permite comparar naturaleza y pintura. La montaña sagrada adquiere vida y forma a través del proceso de lectura y, asimismo, se transfigura a una especie de río: "Y zarco delta de argentado pico, / Resalta como espléndido *abanico* / En los brocados rojos del poniente." Los códigos plásticos permiten la ampliación del contenido, el dinamismo y la fuerza del movimiento que se contrapone al elemento estático que sugiere el *abanico*. La unidad dentro de la diversidad, entre la naturaleza y el arte connotado por la alusión al *dibujo, kimono, vaso* y *abanico* se une al afán de la voz poética de querer concretizar pintura y poesía como en el budismo zen. Una vez más, en su afán de querer llegar a alcanzar un ideal estético y una experiencia sublime, la voz recurre a elementos pictóricos aparentemente simples.

En el caso de Tablada, la descripción pictórica del arte japonés y el proceso de conocimiento de la cultura oriental ya la había manifestado desde 1893 cuando escribió el poema "Japón." Aunque este poema fue escrito veinte años antes que *Hiroshigué*, en éste se puede ver como un recorrido donde la voz poética va en busca de una expresión ideal y de una experiencia espiritual. Entre el lapso de tiempo que Tablada escribió "Japón" y *Hiroshigué,* el poeta estudió con devoción el arte oriental. Por lo tanto, "Japón" puede ser leído como el comienzo de su travesía y acercamiento hacia el Oriente y el ensayo como su madurez como poeta y crítico del arte. Aquí vale la pena mencionar que el ensayo fue un puente, un ejercicio que le permitió al poeta escribir e introducir el *haiku* al idioma español cinco años más tarde. De hecho, en mi juicio, Tablada nunca hubiera podido escribir ese tipo de poesía si no hubiera escrito *Hiroshigué*. Por ejemplo, tradujo a Basho: "Una nube de flores! / Es la campana de Ueno / O la de Asakusa." Sin embargo le advirtió al lector cuando dice "no las gustará quien no las lea en japonés" (37). Con su acostumbrada atención y amabilidad explica:

> Las ocho palabras que la forman [el *haiku*] sugieren al iniciado el aspecto róseo y nebuloso de los cerezos en flor en los parques de Yedo; el encantador paraje de Mukoshima, sobre la margen del río Sumida; la hora crepuscular en que resuenan las campanas de los templos vecinos. . . . Y al conjuro de las ocho palabras a la virtual evocación de diecisiete sílabas musicales, lee el japonés: "con su profusión tal florecen los cerezos, que fingen una nube en lontananza. . . . Pero no puedo saber si ese sonido de campana, que me llega desde lejos, es del templo de Uyeno [*sic*] o del templo de Asakusa." . . . (37–38)

Es aquí donde por primera vez hace el intento pero todavía no adquiriría la maestría de la economía del lenguaje. Mi análisis del poema "Japón" es a propósito. En éste se vale de la misma metáfora de la alusión al volcán Fujiyama como lo hace en *Hiroshigué* y porque guía a través del proceso de acercamiento al Oriente a partir de un artefacto pictórico. Además, y de suma importancia es que simbólicamente la voz poética trata de alcanzar el máximo estado de iluminación y liberación definitiva dentro del budismo: *nirvana*.

"Japón" nos instala en el principio del "viaje" de su poética y precisamente antes de que Tablada visitara el Lejano Oriente. El proceso de conocimiento de la voz poética parece ser un largo y sinuoso camino. Como se verá, el hablante nos lleva por una travesía donde se apreciarán elementos mágicos, religiosos, espirituales y artísticos. El crítico George Haydu plantea lo siguiente en relación a diferentes formas de experiencia:

Capítulo cuatro

> The "acquisition" of a new object of desire or a new idiom that we enjoy as beautiful—these are not easily come by [*sic*]. It takes a fundamental, radical transformation. It may be an outcome of patient cultivation, or sudden conversion, but, in all events, it is a fundamental process and not an easy annexation.... What happens is not appropriation or acquisition. It is the internal work of the artist, it is the repair work of mourning, it is the creative resolution of some vital instability (disharmony): It is the creative process. (121)

Las frases "cultivación paciente" y "recuperación del pesar" me ayudan a apoyar mi argumento porque como veremos, la travesía del proceso que llevará a la voz a adquirir una nueva experiencia requiere "paciencia" y "creatividad." El poema "Japón"[14] se abre con una estrofa que recrea una sensación de lejanía:

> ¡Áureo espejismo, sueño de opio,
> fuente de todos mis ideales!
> ¡Jardín que un raro kaleidoscopio
> borda en mi mente con sus cristales!
>
> (1: 231)

El hablante lírico sugiere una posición remota. "Japón" se distancia como un sueño que sólo se puede observar a través de un aparato artificial: "raro kaleidoscopio." Por la falta de elementos naturales, nos encontramos ante un paisaje casi fantástico. Nótese que el "jardín" es el único elemento natural aparte de la "mente" de la voz que contempla el paisaje. El hablante se encuentra en un estado irreal y todo lo ve en ese entorno.

El kaleidoscopio de la estrofa anterior transporta al hablante a un "viaje" que lo lleva a un mundo espiritual. Éste confiesa que ya ha sido atraído por cierto conocimiento básico e implora:

> Tus teogonías me han exaltado
> y amo ferviente tus glorias todas;
> ¡yo soy el siervo de tu Mikado!
> ¡Yo soy el bonzo de tus pagodas!
>
> (1: 231)

La voz tiene un conocimiento básico de la cultura, y es el que hace que el hablante muestre cierta humildad y respeto, ya que uno de los principios de conducta orientales es respetar a todo lo que está alrededor. Por siglos, la cultura japonesa se ha basado en los principios filosóficos de Confucio, "el que no respeta sólo hace bulla" es uno de los cánones de las *Analectas* de ese filósofo.[15] "Mikado" alude a un emperador —fuerza divina dentro de la tradición del sintoísmo— quien ha sido la extensión de una fuerza natural y quien ha sido enviado a regir en las "islas sagradas" o sea, el Japón. Es decir, en el libro de historia más antiguo del Japón, el *Kojiki* (principios del siglo VIII) se describen varios episodios míticos y su interpretación nos ofrece numerosas sugestiones interesantes acerca de condicionamientos de la historia cultural de la isla. Es importante mencionar esto para ver, una vez más el impacto de los elementos naturales en esa cultura y por ende, en su religión más antigua. En la segunda estrofa de "Japón," la voz poética se subordina ante su emperador, y, al hacerlo, evoca respeto ante las fuerzas naturales y religiosas. Por lo tanto, lo que parecía estar en la lejanía está mucho más cercano de lo que se ve a primera vista. Obviamente, no se trata de un sueño alucinante, un "sueño de opio" sino de su afán de querer comprender y alcanzar cierto ideal que se asimila al ideal artístico de la voz poética.

Como mencioné en otra parte, dentro de la tradición sintoísta, a las montañas se les considera lugares sagrados. Con la entrada del budismo al Japón, el sintoísmo adquirió algunos conceptos budistas y viceversa. Por lo tanto, dentro del budismo se organizaron las llamadas *sectas de la montaña,* las cuales durante algunas conjeturas históricas llegaron a tener su sede en el pico de las montañas sagradas.[16] El budismo "de las montañas" en Japón tomó el concepto del sintoísmo de que una fuerza natural y poderosa, un "kami" se encargaría de proteger a los devotos. El peregrinaje hacia los lugares sagrados, como son las montañas, se convirtió en una práctica tanto sintoísta como budista. En "Japón," la voz poética hace alusión a la montaña más sagrada:

> Por ti mi dicha renace ahora
> y en mi alma escéptica se derrama
> como los rayos de un sol de aurora
> sobre la nieve del Fusiyama [*sic*].

(1: 231)

Capítulo cuatro

La mención del "Fusiyama" (Fujiyama o Monte Fuji) establece una conexión con *Hiroshigué*. Así como el hablante del ensayo, esta voz ya va en camino, como un peregrino y en espera de un estado espiritual máximo donde su espíritu se funda con el Monte Fuji. La escéptica alma de esta voz sugiere su deseo de llegar a alcanzar un estado límite, acaso, una vez más, una experiencia sublime.

Curiosamente, en la siguiente estrofa la voz alude al arte y por lo tanto implícitamente se establece una íntima relación entre religión —por la anterior mención al Monte Fuji— y entre la pintura y poesía:

> En tu arte mágico —raro edificio—
> viven los monstruos, surgen las flores,
> es el poema del Artificio
> en la Obertura de los colores.
>
> (1: 231)

Los adjetivos mágico-raro dan la sensación de que se aproxima a un objeto bello pero indescriptible dentro de sus límites de conocimiento. Aquí esos adjetivos operan opuestamente. Por ejemplo, un dibujo o un ideograma dentro de la escuela de zen, tiene que ser la representación de una experiencia espiritual momentánea. La caligrafía o pintura, por lo tanto, puede ser la representación de un instante de armonía espiritual y puede operar como una manifestación antitética de una experiencia.

En el espacio "mágico" de esa estrofa cohabitan dos elementos estéticamente contrapuestos: monstruos y flores. El hablante trata de construir un espacio que probablemente él tampoco comprende. Como señala Haydu, quien escribe de las distintas formas de experiencia señala que si fuéramos a analizar una fantasía, podríamos demostrar que es la creación de una construcción que contiene elementos y componentes que no están al alcance en el imaginario cultural y que generalmente una fusión de éstos tiene mayor peso. . . . Así que la nueva forma de experiencia creativa, en este sentido, es nada más que lo opuesto de una nueva fantasía (130). Por lo tanto, esa rareza puede representar el encuentro de dos tipos de conocimiento: el conocimiento cognitivo —la voz poética— y poetizado por objetos imperfectamente asimilados.

Pintura y peregrinación

La estrofa séptima, en la mitad del poema, actúa como eje que lo fragmenta. Nos encontramos ante un choque inusitado que separa el todo de esta voz y lo que hemos visto hasta ahora:

> ¡Rían los blancos con risa vana!
> Que al fin contemplas indiferente
> desde los cielos de tu Nirvana
> A las Naciones del Occidente.
>
> (1: 232)

La alusión a la palabra "Nirvana" tiene muchísimo peso. Se trata del estado máximo espiritual dentro del budismo. Nirvana es indescriptible. Sobra decir que históricamente los budistas han luchado por encontrar palabras que representen el estado de nirvana ya sea en una forma filosófica o religiosa.

La contradicción de la visión del mundo entre Oriente y Occidente que se refleja en esta estrofa también ya existía desde el segundo siglo de la era cristiana. Esto se hace patente en el diálogo entre un sacerdote budista, Nagasena, y el Rey Menander, un griego que gobernaba el noreste de la India:

> —Venerable one, you are always speaking of nirvana: can you give me a metaphor, or a reason, or an argument, or an inference to show me its form, or its nature, or its duration, or its size? [Asked King Menander]
> —Great King [responded Nagasena], nirvana is unique and incomparable: there is neither metaphor nor reason, neither argument nor inference, which can show its form, or its nature, or its duration, or its size. . . . So the ocean is a real thing, yet you cannot measure its water nor count its creatures; and in the same way nirvana is a real thing, yet there is neither metaphor nor reason, neither argument nor inference, which can show its form, or its nature, or its duration, or its size. (Citado en Beyer 203)

El diálogo tiene la palabra. La filosofía budista está basada en suprimir todo pensamiento que cause deseo. Es por eso que la voz poética de "Japón" dice: "Que al fin contemplas indiferente." Esa "indiferencia" está relacionada con la fuerza espiritual sobre la religión y cultura de ese país: el poeta se ubica en una posición de superioridad.

Capítulo cuatro

Para el poeta modernista, ser universalizante significaba adquirir conocimientos de otra cultura e incorporarlos a la propia sin despegarse de su identidad. Su proceso de transculturación no significó el predominio de una cultura en su encuentro con otra, sino al contrario, significó la búsqueda de otros valores culturales. El poema "Japón" aunque parezca más bien una epopeya japonesa, les enseña a sus lectores posibilidades de acercarse de una cultura "periférica" a otra "periférica." Sin embargo, existen algunas fricciones. Nótese cómo en la estrofa anterior la voz insinúa que debería de haber cierta "indiferencia" por el Occidente. Aquí nos encontramos, una vez más, con la insistencia en presentar un Japón, y por ende, un Oriente casi idílico, sin rastros de influencia occidental. Es decir, en su afán de querer alcanzar un ideal estético por medio de la alusión a filosofías religiosas orientales, el hablante tiende a abrirle un espacio único a los valores culturales de ese país. Esto me hace recordar el famoso poema de Darío "Divagación," donde el hablante, en su búsqueda por el ideal, enfatiza:

> Ámame, japonesa, japonesa
> antigua, que no sepa de naciones
> occidentales: tal una princesa
> con las pupilas llenas de visiones,
> que aún ignorase en la sagrada Kioto,
> en su labrado camarín de plata,
> ornado al par de crisantemo y loto,
> la civilización de Yamagata.
>
> (Darío, *Poesía* 187)

Es por eso que la apreciación de la voz poética en "Japón" por la cultura japonesa está basada en la comparación de elementos de esa misma cultura:

> Distingue mi alma cuando en ti sueña
> —cuadro sombrío y aterrador—
> la inmóvil sombra de una cigüeña
> sobre un sepulcro de emperador.
>
> (1: 232)

El "sueño ideal" ahora se convierte en un sueño con imágenes aparentemente congeladas y fallidas. Lo interesante es que la

Pintura y peregrinación

cigüeña es símbolo de eternidad. Ese "yo" ahora tiene la capacidad de distinguir símbolos. Compárese el contraste con la siguiente estrofa:

> De tus princesas y tus señores
> pasa el cortejo dorado y rico,
> y en ese canto de mil colores
> es una estrofa cada abanico.
>
> (1: 232)

El artista regresa a su punto de partida. El arte que era un "raro edificio" pasa a ser una expresión que se puede visualizar:

> Amo tu extraña mitología,
> los raros monstruos, las claras flores
> que hay en tus biombos de seda umbría
> y en el esmalte de tus tibores.
>
> (1: 232)

Lo que era mágico ahora es tangible, "biombos," "tibores." El poeta redefine que el misterio que se veía en ese arte fue su fuente de inspiración. Y a través del mismo arte nos ha acercado a esa "extraña mitología." Aquí hay otro ineludible paralelo con lo que se presenta en *Hiroshigué*. La estrofa última insinúa un cambio radical:

> Y así quisiera mi ser que te ama,
> mi loco espíritu que te adora,
> ser ese astro de viva llama
> que tierno besa y ardiente dora
> ¡la blanca nieve del Fusiyama!
>
> (1: 233)

Por primera vez se usa el verbo condicional: *quisiera ser* pero *no es*. El hablante muestra su incesante sed de conocimiento, el cual no es fácil de adquirir como no es fácil peregrinar mientras se escala el Fujiyama. Alma y espíritu aspiran a la vez, "escalar" hasta llegar al estado de nirvana. Como el monje Nagasena le dijo al Rey Menander: "Nirvana is as lofty as a mountain peak and as unmoving. A mountain peak is hard to climb, and nirvana cannot be reached by the passions. . . . Excellent, venerable one [answered the King]. Thus it is, and

Capítulo cuatro

thus I accept it" (citado en Beyer 204). En *Hiroshigué,* el hablante textual, refiriéndose a un grabado del Fujiyama, hace una alusión indirecta a esa experiencia: "ante mis ensoñaciones místicas, para acendrar el fervor de la fe budista, en un cielo todo negro, fosforece el cono de nieve, alucinando a quien lo contempla con la imagen invertida y gigantesca de una flor de loto que suspendida por la invisible mano de un Dios, comenzara a abrir sus pétalos" (78–79). En la forma en que lo describe el hablante, tal parece que continúa en una perpetúa búsqueda de lo sublime mientras lo expresa con metáforas orientales.

En suma, todos los textos anteriormente comentados y analizados se inspiraron en la pintura. Para Tablada sobre todo, el arte era una forma esencial de aproximarse a otra cultura. Por eso es que dice, "nada existe, pues, como tales libros para formarse una idea del Japón material o moral; nada tan grato y amable como esos pintorescos documentos en que los mágicos pinceles nipones, dicen cautivando lo que en otros países exponen áridamente los geógrafos" (69). Como se ha visto, sobre todo predomina la descripción de paisajes, montañas y volcanes los cuales aparecen en una forma ordenada e intacta. Por lo tanto, se hace patente la afirmación de Manuel Durán quien sugiere que uno de los rasgos que diferencian a los modernistas de los románticos es que los primeros presentan la naturaleza "civilizada," casi perfecta, y "manipulada" mientras que para los románticos, la naturaleza era "rural," "agreste," "salvaje" y "hostil." Aquí conviene aclarar que la tendencia modernista de manifestar una naturaleza ordenada también tuvo que ver con el hecho que los modernistas eran cosmopolitas, su estancia en las grandes ciudades les impuso producir a partir de espacios citadinos. Como Durán sugiere, para el escritor la naturaleza es comprendida y descrita mucho mejor bajo la forma urbanizada que es el jardín (240). De todas formas, la naturaleza oriental para aquellos que viajaron al Oriente o para los que se inspiraron en libros y cuadros era muy atractiva, nítida y perfecta —o por lo menos así la describieron— en comparación a la naturaleza de América la cual parecía desordenada y amenazante.

Por lo tanto un viaje imaginario hacia esa naturaleza intacta les permitió establecer la íntima conexión entre la estética

Pintura y peregrinación

oriental, la pintura y la religión. En diferentes manifestaciones artísticas orientales la obra es más importante por su contenido simbólico y porque intenta evocar un poder espiritual donde la naturaleza —tomada como una manifestación divina— puede ser vía de conocimiento si se contempla reflexivamente y así el artista buscará un idealismo conceptual capaz de producir en el espectador la visión de una realidad superior trascendente. Esa fusión entre arte, naturaleza y religión es lo que tratan de manifestar los textos modernistas. Tanto el arte como la naturaleza fue para ellos una vía de conocimiento y también una búsqueda de un ideal artístico, una forma de acercarse a una experiencia sublime. Aquéllos que viajaron al Oriente como Gómez Carrillo, Tablada y Rebolledo se valieron del "Torii" como metáfora para expresar una travesía hacia un estado espiritual y anímico. Casal, por medio de un *kakemono,* nos transporta al umbral y al *tokonoma* de una casa, el cual es en realidad un microcosmos del macrocosmos que representa el "Torii" y el templo. En ambos casos se manifiesta el anhelo de cruzar el "Torii" y el umbral y pasar de lo físico a lo metafísico como ejemplo de una "peregrinación" en búsqueda de una estética bella y depurada.

Tanto el "Torii" como el *tokonoma* operan, simbólicamente, como espacios límites que apuntan hacia varias direcciones: del interior al exterior y de lo concreto a lo espiritual, a lo sublime. Esos límites simbólicos son análogos al discurso oriental modernista que "traduce" a partir de una "periferia" sobre otra "periferia." En la última página del epílogo de *Hiroshigué,* el hablante le dice al pintor japonés: "peregrinando así contigo, oh maestro! comentando para mi patria esas bellezas del Japón que tú inmortalizaste, esperaba realizar una obra no de sutil curiosidad, ni de caprichoso exotismo sino de robustos y fecundos propósitos" (116). Por lo tanto, el orientalismo modernista no sólo como se manifiesta en *Hiroshigué* o en la poesía de la que me ocupé en este capítulo, sino en la producción modernista, lejos de ser "exótico" o "afrancesado," trató en la manera en que se pudo dar un paso más allá del "umbral" y acercarnos al Oriente desde una perspectiva hispanoamericana.

Epílogo

En su ensayo "The Politics of Knowledge," Said comenta sobre el debate que se llevó a cabo en una universidad con motivo de una ponencia dada por él y cuyo tema era "orientalismo." El debate se convirtió en un ataque por parte de los académicos, su público. Aunque la formulación de las preguntas de los ahí presentes eran distintas, todas giraban en torno al mismo punto. En primer lugar, se cuestionó por qué si su *Orientalism* es un libro cuya tesis es una crítica al discurso hegemónico europeo, al mismo tiempo se encarga de silenciar textos y sujetos orientales (146). En segundo lugar se le acusó por no ofrecer alternativa alguna al fenómeno que juzga: el imperialismo europeo y, al negar alternativas, lo que perpetúa es nada menos que la hegemonía europea (146–47). Las respuestas de Said fueron directas y al punto: *Orientalism* es un libro cuya tesis es una crítica al imperialismo europeo, por lo tanto, no estaba en su agenda privilegiar lo "oriental" directamente y, si el hecho de haber excluido nombres y textos orientales era visto como un acto voluntario de tergiversación, su tesis en realidad no había sido entendida en la manera en que el crítico hubiera querido (145).

Este estudio ha tratado de abrirle camino al discurso oriental modernista desde una perspectiva enfáticamente hispanoamericana. En ese sentido, lejos de atacar el estudio de Said y de concentrarme en lo que su texto "desfiguró," "tergiversó" o en sus exclusiones, mi énfasis ha sido mostrar cómo el discurso oriental modernista se diferencia de aquel que juzga Said en su *Orientalism*. Si bien varios estudios críticos poscoloniales han dialogado con la tesis de Said al cederle la palabra a sujetos "periféricos"/poscoloniales y al analizar las

Epílogo

múltiples relaciones que surgen a partir de la dinámica que ocurre entre "centro"-"periferia," como he mostrado, la aproximación de una "periferia" hacia otra "periferia" no sólo nos ofrece una alternativa bastante compleja y enriquecedora sino una nueva perspectiva de analizar un determinado discurso.

Como he mostrado, otorgarle un espacio al orientalismo modernista ha sido un enorme reto sobre todo cuando se trata de exhumar posturas críticas hispanoamericanas escritas por diez décadas. Asimismo, como ha sido evidente, lejos de acudir directamente a textos orientalistas franceses para comparar sus influencias o "imitaciones" en los textos modernistas, más bien se ha concentrado en indagar en el contacto o interpretaciones culturales específicamente entre América Latina y el Oriente.

Los textos históricos y de historia del arte que demuestran el contacto directo entre América Latina y el Oriente y la introducción de artefactos culturales en Hispanoamérica no solamente son pocos sino que han sido ignorados —o acaso no han sido descubiertos— por la crítica literaria. Por la misma vertiente, ya que mi proyecto pertenece al campo de la literatura, es sorprendente que dentro de la gran amalgama de estudios críticos sobre *Los infortunios de Alonso Ramírez* y *El periquillo sarniento,* la primera novela hispanoamericana, no hay estudios que hayan tomado en cuenta su largo episodio que tiene un referente histórico: el recorrido de las *naos* de la China a través del Pacífico. Otro texto importante es aquel escrito por Francisco de la Maza titulado *Catarina de San Juan, princesa de la India y visionaria de Puebla.* Catarina fue una esclava de la India que fue llevada por medio de las *naos* de la China a Puebla, México, donde vivió varios años hasta su muerte. En cuanto al género de viaje, antes de los modernistas, ya Nicolás Tanco Armero había viajado y escrito *Viaje de la Nueva Granada a China y de China a Francia* en 1861. Este libro de viaje es importantísimo para comprender la historia de los chinos que fueron llevados a Cuba para trabajar. Sin duda alguna, en el campo de la literatura, hay mucho trabajo por hacer respecto a literatura que se escribió antes del modernismo. Y, enfatizo, *antes,* porque ya hay varios lúcidos estudios los cuales se enfocan en textos orientalistas literarios escritos desde la Vanguardia. Algunos de ellos giran en torno a: *Un*

Epílogo

día . . . Poemas sintéticos, Al sol y bajo la luna de Tablada; *Residencia en la tierra, I* de Pablo Neruda; *Tres romances chinos* y *El libro de los paisajes* de Leopoldo Lugones; *La cifra*, además de la abundante literatura de Jorge Luis Borges; *Cobra, De donde son los cantantes* y *Maitreya* de Severo Sarduy; así como la extensa obra de Octavio Paz que va desde *Ladera Este* hasta *Vislumbres de la India*, por citar algunos.

Con la tradición que existe a partir de la literatura propia, y digo "propia" no con el afán de crear esencialismos sino basándome en el hecho de que las interpretaciones y representaciones sobre el Lejano Oriente pueden ser estudiadas a partir de una perspectiva hispanoamericana, he tratado de ofrecer una postura crítica que muestra por qué y cómo el imaginario oriental modernista no es simplemente una "imitación" de la literatura francesa finisecular. Octavio Paz, quien tanto admiró a Tablada por haber introducido el *haiku* al español, dice lo siguiente:

> ¿Cuáles fueron los modelos que inspiraron su adaptación del haikú al español? Si hemos de creerle, su tentativa fue independiente de las que por esos años se hacían en Francia y en lengua inglesa. Como su testimonio puede ser tachado de parcial, vale más atenerse a los datos de la cronología: los experimentos franceses fueron anteriores a los de los "imaginistas" angloamericanos y a los de Tablada; así pues es posible que Tablada haya seguido el ejemplo de Francia aunque, hay que decirlo, los haikú del mexicano me parecen más frescos y originales que los de los poetas franceses. *O sea: hubo estímulo, no influencia ni imitación.* . . . Las fuentes de su haikú no fueron los escritos por poetas franceses y angloamericanos sino los mismos textos japoneses. (*El signo* 127; subrayado mío)

En este proyecto no analicé el *haiku* de Tablada (publicado por primera vez en 1919) porque éste se sitúa en el umbral de la Vanguardia y porque ya hay estudios dignos de admiración sobre el tema. Entre ellos se destacan *El haikai en la lírica mexicana* de Gloria Ceide-Echevarría y *El haiku japonés: historia y traducción* de Rodríguez Izquierdo. De todas formas mi argumento aprueba lo manifestado por Paz. Es decir, sin lugar a dudas, hubo varios "estímulos" por parte de varios movimientos literarios europeos en los modernistas; sin embargo no

Epílogo

es justo acusarlos de "imitadores." Tampoco sería justo juzgar a los modernistas fuera de su contexto. Sin embargo, en esta época, un siglo después, hay que tomar en cuenta que uno de los diferentes impactos de la globalización tiene que ver con la amenaza a la desaparición de fronteras nacionales. Por lo tanto, es mi deseo que futuras revisiones y relecturas del movimiento sigan enfatizando su carácter ecléctico y único. Es interesante —y no me parece exagerado mencionar aquí— que Kenzaburo Oe, uno de los grandes novelistas japoneses del siglo XX y ganador del Premio Nobel de Literatura, presente un rincón del campo de México como lugar de refugio y la Virgen de Guadalupe como la única salvación de su protagonista Marie Kuraki quien emprende una suerte de peregrinaje desde Japón en su novela *Jinsei no Shinseki* (1993). En ese texto se ve nada menos que lo inverso a lo que ya habían hecho los modernistas al dirigirse al "país del sol" donde encontraron un refugio real o imaginario.

El hecho que Oe esté escribiendo sobre México no lo hace necesariamente "afrancesado" o "americanizado" porque otros estén haciendo lo mismo en otras lenguas. En la última novela de Marcela Serrano, *Nuestra Señora de la Soledad* [1999], la protagonista se fuga de Chile a México para esconderse en un refugio —a pesar de que ya había viajado al Lejano Oriente pero allá no encontró la paz que quería encontrar. Lo mismo sucede con los personajes del escritor chileno Roberto Bolaño y en particular en su cuento "El ojo Silva" donde las geografías son sorprendentes. El exilio forzado obliga al protagonista a dejar Chile y empezar a vagar por el mundo: se va a México, de ahí a París y luego a la India donde se enfrenta a experiencias horripilantes que lo dejan traumatizado. Esos viajes y peregrinaciones no nos sorprenden al leer la literatura que se está produciendo ahora al comenzar el siglo XXI.

Es por eso que si repasamos el discurso modernista del que me ocupé en este libro es evidente que el "estimulo" que inclinó a los modernistas a trascender diferencias geográficas, raciales, religiosas y sociales fue una elección propia, fue su deseo de presenciar con sus propios ojos otro "márgen" de una modernidad no-occidental hace cien años. Aunque en ocasiones vieron el Lejano Oriente con desilusión al presenciar una suerte de "contaminación" occidental que no esperaban,

Epílogo

también fueron testigos —y desaprobaron— del colonialismo europeo todavía preponderante en algunos lugares de Asia. Sobre todo, dado este ejemplo específico, resulta difícil convencerse cómo el discurso de viaje pudo haber sido una "copia" de textos franceses. Más que tratarse de una "imitación," los textos elucidan una escritura dinámica y compleja que ilustra una amalgama de posibilidades que van más allá de lo que nos ofrece el discurso colonial o poscolonial el cual manifiesta oposiciones binarias y jerárquicas y una relación entre "centro" y "periferia."

Como se vio, sobre todo en "La muerte de la emperatriz de la China," es evidente que Darío, valiéndose del hecho histórico sobre la introducción de artefactos culturales en América Latina, indirectamente inscribe ese momento histórico por medio de la representación de la porcelana de la China. Las relaciones, dinamismo, funciones y asociaciones que giran en torno a ese artefacto inscriben, asimismo, un espacio dialógico que surge de las relaciones entre ese objeto y su función en un contexto hispanoamericano. El cuento dariano subraya que a pesar de las fricciones que el lenguaje presenta al tratar de "reconstruir" un artefacto por medio de la palabra, lo que hay que tomar en cuenta es que ese mismo objeto actúa como catalizador donde se produce un discurso específico.

Desde una postura estrictamente histórica, la estimación de artefactos culturales orientales, no debe reducirse a la importación de éstos en Europa —sobre todo en el siglo XVIII cuando se *imitaban* objetos chinos y se creaban aquellos chino-franceses y chino-ingleses— ni a la diseminación de *bibelots* o "chucherías" producidas con la ayuda del industrialismo en aquel fin de siglo. Así como los artefactos chinos fueron motivo de inspiración en manifestaciones tanto artísticas como literarias europeas, también lo fueron, a la par, en América Latina ya que la adquisición de "chinerías y japonerías" se llevó a cabo desde el siglo XVII. Por lo tanto, la presencia, propiedades y asociaciones de un artefacto oriental en un espacio citadino hispanoamericano como se manifiesta en el texto de Darío, por ejemplo, no debe de verse como una "imitación" o un "filtro" de la sensibilidad francesa sino como un punto de conexión con una conjetura histórica latinoamericana.

La producción de prosa y poesía inspirada a partir de representaciones pictóricas como cuadros, grabados y pergaminos

Epílogo

es una prueba de cómo el arte fue el vehículo por el cual los modernistas emprendieron una especie de viaje o "peregrinaje" hacia un Oriente imaginario y al mismo tiempo un "viaje" espiritual hacia su propio interior. Como se ha visto, a partir de una "periferia" moderna occidental, el arte oriental fue el catalizador que trasladó al artista a un momento de creación casi místico donde éste produjo prosa poética y poesía. Por lo tanto, el "estimulo" modernista al que alude Paz no se limita al "estimulo" de la sensibilidad europea sino también a una exacerbación inducida por los artistas orientales quienes creaban (y crean) obras donde todo se funde, poesía, pintura, caligrafía y meditación religiosa. Pocos fueron aquéllos modernistas que trataron de interpretar, de darle sentido a la íntima relación que existe entre arte, naturaleza y religión oriental. Sin embargo, sus textos muestran su gran intento de crear textos que hilvanaron filosofías y religiones orientales con su imaginario cultural hispanoamericano. Su propósito de "peregrinar" hacia la cultura oriental a través de estampas, cuadros y pergaminos, no tuvo que ver con un escape hacia lo desconocido e insólito ni tampoco con el afán de "copiar" lo que escritores en otras lenguas estaban produciendo.

Un doble viaje: hacia afuera y hacia dentro y de una "periferia" a otra "periferia" ejemplifica la travesía, la textura del orientalismo producida durante el modernismo. Octavio Paz, a propósito de Basho, el poeta japonés que durante sus viajes escribía poesía, señaló que para éste, la literatura había sido "sobre todo experiencia interior; intensa búsqueda, años de meditación y aprendizaje" (Basho 34). Esa "búsqueda," "experiencia interior," "meditación y aprendizaje" se desdobla, se intensifica, se hace palpable al enfrentarnos al imaginario oriental que fundaron los modernistas.

En "The Politics of Knowledge," Said hace un llamado a sus antagonistas y sugiere que en lugar de atacarlo por lo que excluyó o "tergiversó" en su *Orientalism,* la tarea crítica debería de emprender prácticas más fructíferas y analizar literaturas que no forman parte del "canon europeo" para poder entablar un diálogo universal (152). Esa es precisamente la labor que emprendí en este proyecto. Y, como se ha visto, el orientalismo modernista hispanoamericano ofrece un mundo de alternativas al fenómeno que Said juzga. Sin duda, todavía queda mucho trabajo por hacer en el campo. Un estudio sobre

Epílogo

el orientalismo modernista que se concentre en las representaciones e interpretaciones hispanoamericanas del Medio Oriente sería muy importante. El legado modernista también necesita estudios (o revisiones) críticos. Por ejemplo, en la poesía no sólo hace falta escribir sobre la gran producción de *haiku* de la segunda mitad del siglo XX incluyendo una de las producciones últimas y más interesantes que combinan *haiku* y fotografía, "De viento y nube" de Roberto Fernández Ibáñez, aparte de la obra (aunque no en forma de *haiku*) de Elsa Cross, *Canto malabar y otros poemas* y *Hikurí y otros poemas* de José Vicente Anaya. Los olvidados *Ensayos japoneses* de Manuel Maples Arce así como *La luz viene de Oriente* de Ernesto Cáceres y las "Crónicas de las Filipinas" y "Crónicas de Japón" de Alberto Tauro también merecen un estudio. Asimismo, un enfoque del imaginario oriental en el cuento del siglo XX sería una buena aportación. Aquí no sólo los cuentos más citados de Jorge Luis Borges, "El jardín de los senderos que se bifurcan," "El idioma analítico de John Wilkins" y "La muralla y los libros" serían básicos sino también "La boina roja" de Rogelio Sinán, "Almas desnudas en playa japonesa" de Alberto Ruy Sánchez, "China" de José Donoso y "Sombras de lo fingido" (todavía inédito) de León Guillermo Gutiérrez. Durante el siglo XX también se publicaron interesantes novelas que podrían ser estudiadas en conjunto: *La Bogotá señorial* de Marco Vinicio Prieto Reyes, *Son cuentos chinos* de Luisa Futoransky, *El jardín de la señora Murakami* y *La escuela del dolor humano de Sechuán* de Mario Bellatín así como *Madama Sui* de Augusto Roa Bastos. Sería óptimo indagar en la producción literaria de los escritores *nikkei* (japoneses de segunda generación que nacieron en Latinoamérica —también en Brasil) y que han viajado y vivido en Japón o Corea por algún tiempo. En fin, nuevos trabajos abrirían nuevos horizontes, nuevas formas de percibir cómo se interpretó y hasta la fecha cómo se representa el Lejano Oriente desde una perspectiva enfáticamente hispanoamericana. Todo esto gracias al legado modernista y también al *Periquillo sarniento* quien no sólo fue al Oriente sino que recomendó que el hombre debe ser en el mundo un cosmopolita.

Notas

Prólogo

1. El nombre de este poema es "Sandía" y corresponde al poemario *El jarro de flores (Disociaciones líricas).* Reproduzco este poema obedeciendo la puntuación en Tablada, *Poesía,* tomo 1 de *Obras completas* 456.

Introducción

1. En la introducción a *Voces de Oriente,* el crítico e historiador Ángel María Garibay escribe sobre las "convencionalidades" de llamar al Oriente "lejano," "remoto" o "cercano" (ver p. 9). A través de mi estudio, a menos que lo indique de otra forma, cuando haga referencia al "Lejano Oriente" me estaré refiriendo exclusivamente a una (o más) de las entidades geográficas especificadas en la introducción —como la señalan los autores modernistas.

2. Aunque un reciente estudio crítico arguye que la "génesis" del movimiento modernista comenzó en 1882 con los escritos del cubano José Martí en Nueva York —consultar José Olivio Jiménez, "José Martí y la creación del modernismo hispanoamericano" en *Actas del Congreso Internacional sobre el Modernismo Español e Hispanoamericano y sus raíces andaluzas y cordobesas*— y Gwen Kirkpatrick sugiere que la "cronología" del movimiento abarca de 1888 a 1910 (en *The Dissonant Legacy of Modernism* 23), prefiero adherirme a aquellos estudios que exponen que la duración del movimiento es concomitante a la activa producción de Rubén Darío, de 1888 a 1916, porque los ejemplos textuales en los que me baso se publicaron durante ese período.

3. Este básico concepto semiótico lo tomo de Saussure, en *Course in General Linguistics* 65.

4. En la introducción a *Foreign Bodies: Performance, Art, and Symbolic Anthropology* de Napier xxiv.

5. En los últimos años se han escrito varios estudios críticos sobre relatos de viaje; en su mayoría, todos tienen que ver con la representación de sujetos "marginales" en el discurso europeo. Véase, por ejemplo: Patricia W. Romero, ed., *Women's Voices on Africa and Africans: A Century of Travel Writings;* Thomas F. Walsh, *Katherine Anne Porter and Mexico: The Illusion of Eden;* Sara Mills, *Discourses of Difference: An Analysis of Women's Travel Writing and Colonialism;* Lisa Lowe, *Critical Terrains: French and British Orientalisms;* y Stephen Greenblatt, *Marvelous Possessions: The Wonder of the New World.*

6. Véase: Roberto González Echevarría, "Martí y su 'Amor de Ciudad Grande'" e Ivan A. Schulman, "Modernismo/modernidad: metamorfosis de un concepto," en *Nuevos asedios al modernismo,* ed. I. Schulman; Gerard Aching, *The Politics of Spanish American Modernism: By Exquisite Design;* Julio Ramos, *Desencuentros de la modernidad* *en América Latina;* José Olivio Jiménez, "José Martí y la creación del modernismo hispanoamericano"; Manuel Durán, "Julián del Casal y los orígenes del modernismo"; y Roberto González Echevarría, "The Case of the Speaking Statue: *Ariel* and the Magisterial Rhetoric of the Latin American Essay"; Cathy L. Jrade, *"Modernismo," Modernity and the Development of Spanish American Literature;* Aníbal González, *La crónica modernista hispanoamericana;* Susana Rotker, *Fundación de una escritura: las crónicas de José Martí.*

7. Por "religión oriental" me refiero exclusivamente al budismo no porque ésta sea la única religión del Lejano Oriente sino por su profunda influencia en el arte y porque los textos modernistas ponen particular atención en ésta.

Capítulo uno
Orientalismo en el modernismo: algunas consideraciones críticas

1. Véase *Modernismo frente a Noventa y Ocho* de Guillermo Díaz Plaja; *Direcciones del modernismo* y *El modernismo visto por los modernistas* de Ricardo Gullón; *Los límites del modernismo* de Rafael Ferreres; de Pedro Salinas, *La poesía de Rubén Darío;* y de Arqueles Vela, *El modernismo: su filosofía, su estética, su técnica.* Incluso, hay estudios más recientes que todavía continúan esta línea. Véase *El oriente en la poética de Octavio Paz* de Víctor Sosa y "Cosmopolitismo modernista y vanguardista: una identidad latinoamericana divergente" de Mihai G. Grünfeld.

2. Véase: Ivan A. Schulman, Modernismo/modernidad: metamorfosis de un concepto" y Roberto González Echevarría, "Martí y su 'Amor de Ciudad Grande'"; *Rubén Darío y el modernismo* de Ángel Rama; de Gerard Aching, *The Politics of Spanish American Modernism: By Exquisite Design;* de Julio Ramos, *Desencuentros de la modernidad en América Latina;* de José Olivio Jiménez, "José Martí y la creación del modernismo hispanoamericano"; y de Manuel Durán, "Julián del Casal y los orígenes del modernismo"; de Susana Rotker, *Fundación de una escritura: las crónicas de José Martí;* de Aníbal González, *La crónica modernista hispanoamericana;* y de Cathy Jrade, *Rubén Darío and the Romantic Search for Unity* y *"Modernismo," Modernity, and the Development of Spanish American Literature.*

3. Véase: Arturo Marasso, *Rubén Darío y su creación poética;* Juan Ramón Jiménez, *El modernismo: notas en torno de un curso;* José Olivio Jiménez, ed., *El simbolismo;* Pedro Salinas, *La poesía de Rubén Darío.*

4. A pesar de que Salinas sugiere que la literatura de Darío era "una literatura jubilosamente encarada con el mundo exterior, toda vuelta hacia fuera" y que el modernismo "se manifiesta expansivamente como una superación de las fronteras nacionales de las distintas naciones ame-

Notas a la página 10

ricanas" (23), en su artículo no hay ejemplo alguno sobre por qué los modernistas "sueñan en países remotos." Salinas lo pone de esta manera: "El movimiento americano queda caracterizado desde su comienzo por ese alcance limitado del intento; la renovación del concepto de lo poético y de su arsenal expresivo. Y por un tono: el esteticismo, la búsqueda de la belleza ... [los modernistas] se expanden, sueñan en países remotos, los hechiza el encanto de París o las evocaciones orientales ("Problema" 23–24). Un ensayo más actual pero que continúa la misma línea es aquél de Donald F. Fogelquist, "El carácter hispánico del modernismo." En éste, el crítico continúa la línea crítica de Valera y Salinas al crear una conexión aún más cercana —y también confusa— entre el supuesto "afrancesamiento" y "exotismo" aunque, según él, el centro de su ensayo es defender el "carácter hispánico" y el universalismo modernista (69). Fogelquist sugiere que las obras "afrancesadas" son superfluas, o sea, las que imitan a los escritores franceses. Esta afirmación comprueba que para la crítica el orientalismo modernista es simplemente una mala réplica del orientalismo francés. El problema surge a partir del hecho que este tipo de crítica no ahonda en el tema que enjuicia. Nótese cómo lo único que Fogelquist hace en cuanto al orientalismo modernista es mencionar la obra de Amado Nervo al enfatizar que "se ha insistido en que, en Nervo, hay una profunda influencia de ciertas filosofías orientales. Existe sin duda esta influencia, pero si se toma como la más decisiva de su vida, se comete el error de pasar por alto los antecedentes más directos y cercanos" (71). Mientras es bastante elocuente de parte de Fogelquist señalar el efecto oriental en Nervo, éste someramente concluye que las filosofías orientales influyeron poco en la formación espiritual del escritor. Nervo escribió sobre el Oriente tanto en prosa como en poesía. Entre sus ensayos figuran "Las crisantemas," "El dragón chino," "El Japón busca novia," "Engrandecimiento del Imperio," y "La Indochina en la exposición de París." En poesía, escribió un poemario titulado *El estanque de los lotos*. Los textos arriba titulados se encuentran en: Amado Nervo, *Obras completas*. Véase también Guillermo Díaz Plaja, *Modernismo frente a Noventa y Ocho*.

5. En *Nosotros y los otros*, Tzvetan Todorov señala que para los escritores franceses del siglo XIX todo sujeto exótico es el mismo ya que todos "se asemejan: poco importa que vivan en América o en Asia, que provengan del Océano Índico o del Pacífico: lo que cuenta en realidad es que se opongan a la Francia" (312). Lily Litvak en su excepcional introducción a su antología *Geografías mágicas: viajeros españoles del siglo XIX por países exóticos (1800–1913)*: "todo lo extranjero no es forzosamente exótico. Para serlo, debe estar en oposición absoluta con el mundo europeo, y son esas características distintivas las que se destacan más" (19). Véase también Jean Pierrot, *The Decadent Imagination, 1880–1900;* Roland Barthes, *Mythologies;* y varios artículos en Roland Antonioli, ed., *Exotisme et création*.

Notas a las páginas 10–14

6. Tablada, *Obras completas* 4: 26. De aquí en adelante únicamente me referiré al número de tomo y página.

7. *Cuadrivio* (1965) fue uno de los ensayos más prematuros de Octavio Paz sobre el tema del Oriente (en 1957 ya había traducido *Sendas de Oku* de Basho y escrito *Las peras del olmo*). Después escribirá una serie de ensayos críticos y filosóficos así como poemarios sobre el mismo tema, los cuales son de gran importancia para el estudio del orientalismo hispanoamericano. Entre éstos destacan: *Ladera Este,* 1969; *Conjunciones y disyunciones,* 1969; *Versiones y diversiones,* 1973; *El signo y el garabato,* 1973; *El mono gramático,* 1974; *Convergencias,* 1991; y *Vislumbres de la India,* 1995.

8. Uno de los estudios más recientes que ahondan en este problema es el de Cathy L. Jrade. Véase *"Modernismo," Modernity,* sobre todo el segundo capítulo.

9. Los artículos están enumerados en una carta de abril de 1884 escrita por la Compañía Mexicana de Navegación del Pacífico y dirigida a las casas importadoras de la República. En ese año el gobierno mexicano quiso empezar a importar directamente desde Asia porque al comprar los artículos en los mercados de Europa no solamente eran más caros sino que tenían que pagar fletes extras y comisiones. Véase María Elena Ota Mishima, *México y Japón en el siglo XIX: la política exterior de México y la consolidación de la soberanía japonesa* 54–56. Uso este ejemplo para ilustrar la importación de objetos del Lejano Oriente. En primer lugar, no eran objetos únicamente finos y en segundo, realmente había abundancia de objetos en las urbes de Latinoamérica.

10. Aunque mi estudio no es comparativo —por lo menos entre letras modernistas y orientales— me parece prudente señalar los impactos de la turbulenta modernidad en las letras japonesas. En el caso de Ishikawa (*Romaji nikki*), el poeta utilizó el alfabeto romano para escribir su diario de abril a junio de 1909. Él quiso encontrar otra forma de escritura, una suerte de "nuevo lenguaje" que lo ayudara a salir de la incertidumbre en la cual se sentía atrapado. Como no pudo escribir en inglés o en ninguna otra lengua occidental, usó el alfabeto romano como un camino de salvación. Su diario muestra un vívido retrato de la vida trastornada de este escritor durante la Era Meiji. En el plano estrictamente literario, a finales del siglo diecinueve hubo una revolución poética —antes se escribía en chino o en japonés arcaico el cual limitaba la estructura y contenido de la poesía. Por primera vez se experimentó con el verso libre y se comenzó a utilizar un lenguaje contemporáneo. Aparecieron antologías con este nuevo estilo/lenguaje como *Gendai shishu (Colección de poesía moderna)* [ver en *Hagiwara Sakutaro*]. Sakutaro Hagiwara fue para Japón lo que para Latinoamérica y España fue Rubén Darío por la renovación del lenguaje y su sincretismo. Aunque no empezó a publicar hasta un año después de la muerte del vate nicaragüense (*Tsuki ni hoeru,* 1917; *Ao neko,* 1923), escribía al mismo tiempo que Darío.

11. La modernización de Asia, hasta cierta medida, coincide con la de América Latina. Sobre todo la modernización de Japón que comienza en 1868 con la Era de Meiji. Japón le había cerrado las puertas al contacto exterior por más de tres siglos. Es curioso que la moda "Japonisme," o sea la representación de la cultura japonesa en Europa y en América, haya estado en su apogeo hacia finales del siglo XIX. Este hecho reafirma que el contacto entre Asia y América hacia finales del siglo XIX era mucho más estrecho de lo que se suele pensar.

12. De aquí en adelante únicamente citaré el número de tomo y página. Todas las citas pertenecen a: José Martí, *Obras completas*.

13. Este artículo de tres páginas (ver pp. 176–78 del volúmen 23) fue escrito para *La Opinión Nacional* el 28 de enero de 1882. El artículo aparece sin título y se encuentra bajo la sección "Periodismo diverso."

14. Martí hace un dibujo donde se pueden apreciar por el lado superior izquierdo las montañas indús. Arriba, el Himalaya, curiosa e irónicamente adornado con palmeras, y, del otro lado, el río sagrado de los indús, el Ganges. En la parte inferior están escritos los nombres de poemas épicos del pensamiento indú (19: 358).

15. Utilizo el término pos-colonizado en relación a lo que Ashcroft, Griffiths y Tiffin en *The Empire Writes Back* denominan literaturas poscoloniales:

> writing by those peoples formerly colonized by Britain, though much of what it deals with is of interest and relevance to countries colonized by European powers, such as France, Portugal, and Spain. The semantic basis of the term "post-colonial" might seem to suggest a concern only with the national culture after the departure of the imperial power. It has occasionally been employed in some earlier work in the area to distinguish between the periods before and after independence ("colonial period" and "post-colonial period"), for example, in constructing national literary histories, or in suggesting comparative studies between stages in those histories. . . . We use the term "post-colonial," however, to cover all the culture affected by the imperial process from the moment of colonization to the present day. (1–2)

16. En "Poststructuralism, Marginality, Postcoloniality and Value," Spivak señala: "when a cultural identity is thrust upon one because the centre wants an identifiable margin, claims for marginality assure validation from the centre" (in *In Other Worlds* 221). Spivak denomina este nuevo objeto de investigación (lo "marginal") una especie de "nuevo orientalismo." Y añade que mientras el saber resida dentro de una estructura, "this impossible 'no' to a structure, which one critiques, yet inhabits intimately, is the deconstructive philosophical position, and the everyday here and now named 'postcoloniality' is a case of it" (225).

17. En el libro de Gómez Carrillo *De Marsella a Tokio,* su capítulo sobre Ceilán, pp. 61–81; Ambrogi, la sección "Entre las arecas de Cochinchina" en *Sensaciones del Japón y de la China* 163–79; y Tablada en *En el país del sol.*

18. Rebolledo escribe una crónica desde Tokio titulada "El extranjero desconocido" en *Obras completas* 243.

19. El concepto de "transculturación" que Pratt utiliza está basado en el discurso etnográfico de las dos últimas décadas y no se adhiere estrictamente a lo sugerido por Fernando Ortiz. Pratt señala que antes que ella, los etnógrafos habían utilizado ese término para describir cómo los grupos subordinados o marginales seleccionaron o inventaron a partir de materiales transmitidos a ellos por la cultura dominante o desde la metrópoli (6). Es decir, Pratt toma el concepto de "transculturación" del monumental ensayo de Fernando Ortiz, *Contrapunteo cubano del tabaco y el azúcar,* y lo generaliza. Para comprender la representación del Oriente en el modernismo hispanoamericano como parte de un proceso "transculturador," es necesario hacer una revisión de lo que escribe Ortiz. Para el cubano, "transculturación es un proceso transitivo de una cultura a otra." Dicho proceso abarca un sinnúmero de fenómenos que se originan por las culturas que se van transformando. Dentro del proceso transculturador, siempre hay una pérdida o desarraigo de una cultura precedente (desculturación), y una nueva creación de fenómenos culturales (neoculturación) (140). Mientras el modelo de Ortiz es bastante elocuente respecto a la tradición histórica y cultural de América Latina, cuando se analiza la influencia del Lejano Oriente en las letras modernistas es evidente que tampoco es posible adherirse completamente al esquema que plantea Ortiz ya que la "desculturación" ocurre automáticamente en América Latina con la conquista de América. Es decir, la conquista comienza el proceso transculturador, y, en ambos lados, tanto en el colonizador como en el colonizado, existe la "pérdida y el desarraigo" siendo el producto final un fenómeno mestizo. Ese mismo fenómeno transculturador se hace aún más patente durante el modernismo.

20. Hommi Bhabha introduce el concepto de "ambivalencia" y reciprocación en cuanto a la Otredad en "Of Mimicry and Man" en *The Location of Culture* 85–92. Dicho concepto está basado específicamente en el discurso imperialista europeo en relación a un sujeto colonizado.

21. En su libro *Writing Culture: The Poetics and Politics of Ethnography,* James Clifford trata de trazar una línea entre la literatura y la etnografía aunque implícitamente subraya las semejanzas entre ambas disciplinas:

> and though ethnographers have often been called novelists manqué (especially those who write a little too well), the notion that literary procedures pervade any work of cultural representation is a recent idea in the discipline. To a growing number, however, the "literariness" of anthropology—and especially of

ethnography—appears as much more than a matter of good writing or distinctive style. Literary processes—metaphor, figuration, narrative—affect the ways cultural phenomena are registered, from the first jotted "observations," to the completed book, to the ways these configurations "make sense" in determined acts of reading. (4)

22. El término *chinoiserie* se aplicó al gusto por artefactos culturales principalmente chinos en Europa. Un diccionario de arte define el término así:

Chinoiserie — Taste for things Chinese or Chinese-looking, or artefacts or decoration embodying such a taste. European import or imitation of Chinese motifs and artefacts goes back to the Roman Empire, but *chinoiserie* refers to a trend or fashion found in Western art. It denotes especially decoration found after the renewed contact with the East and expansion of trade with China by the East India companies in the 17th and 18th centuries. . . . *Chinoiserie* by no means died away in the 19th century, though the appreciation of Chinese art became more serious and the centre of interest in Oriental art switched increasingly to Japan. (*Harrap's Illustrated Dictionary of Art and Artists* 13)

Capítulo dos
Fundación de un imaginario oriental: los viajeros modernistas

1. La serie de crónicas que fue escrita periódicamente en la *Revista Moderna*. Ésta fue después recopilada y editada por Tablada como *En el país del sol*.

2. De aquí en adelante, a menos que lo especifique, únicamente citaré el número de página. Todas las citas corresponderán al libro *En el país del sol*, por Tablada.

3. Gómez Carrillo tradujo al español lo que salía en el periódico. Sobre todo citó a Jidai Shicho y Nagao Ariga (*De Marsella* 201–20) cuando estaba de visita en Japón. No se sabe exactamente, excepto cuando el autor hace referencia, si leyó diarios en japonés o en otros idiomas o si alguien que sabía japonés le ayudó. En el caso de Tablada, más que periódicos, el esteta tenía una gran biblioteca, sobre todo de volúmenes de arte. En su diario escribió que tenía una buena colección de libros japoneses aparte de varios libros de autores europeos y americanos que se habían publicado en Japón (*En el país del sol* 96–98) La siguiente cita que escribió en sus *Memorias* también ejemplifica esta línea:

Entre mis aventuras de coleccionador rememoro la curiosa fuerza centrípeta que hacía que tarde o temprano y por los más heterogéneos conductos, llegaran a mi poder los libros chinos o japoneses que existían a la sazón en México. Recuerdo por ejemplo, el *Fugaku Hiakei* [sic] o *Cien vistas del Fujiyama* por Hokusai, compuesto de tres volúmenes. El que primero obtuve lo compré sobre el mostrador de un estanquillo donde un rapaz se disponía a iluminar a la acuarela dos dibujos magistrales; el segundo volumen fue comprado a alguien por Jorge Enciso, que al ver que yo poseía el compañero, no tuvo inconveniente en cedérmelo. Por fin el libro que completaba la serie lo adquirí años después, gracias a que Carlitos Serrano, el escritor, me dio el *tuyau* avisándome que alguna persona poseía varios libros japoneses y que quería deshacerse de ellos. El anhelado volumen del *Fugaku Haikei* [sic] vino entre ellos. (*Las sombras* 180)

4. Citado por Talal Asad en "The Concept of Cultural Translation in British Social Anthropology," Clifford, *Writing Culture* 156.

5. La obra de Gómez Carrillo es bastante extensa. Los siguientes textos tienen que ver con interpretaciones culturales: *La vida errante* (1902); *El Japón heróico y galante* (1912); *La Argentina: de Buenos Aires al Gran Chaco* (1913); *El alma japonesa* (1906); *Desfile de visiones* (1906); *Las sibilas de París: pequeñas cuestiones palpitantes* (1910); *El encanto de Buenos Aires* (1915); *La Rusia actual* (1906); *Por tierras lejanas* (1910); *Grecia* (1914); *Sensaciones de París y de Madrid* (1899); *La miseria de Madrid* (1901); *Las florecillas de San Francisco* (1908); *La Grèce éternelle* (1909); *Tierras mártires* (1919); *Ciudades de ensueño: Constantinopla, Jerusalén, Atenas, Damasco, Nikko* (1918); *La sonrisa de la Esfinge: sensaciones de Egipto* (1917); y *Jerusalén y la Tierra Santa* (1919).

6. De aquí en adelante únicamente pondré el número de página. Todas las citas de Gómez Carrillo corresponden a su libro *De Marsella a Tokio: sensaciones de Egipto, la India, la China y el Japón*.

7. A través del libro *En el país del sol*, Tablada escribe "thé" en lugar de "té." Para facilitar la lectura, evitaré la palabra *sic*.

8. Ambrogi escribió *Cuentos y fantasías* (1895); *Manchas, máscaras y sensaciones* (1901); *Sensaciones crepusculares* (1904); *Marginales de la vida* (1912); *Crónicas marchitas* (1916); *El libro del trópico* (1915); y *El jetón* (1936).

9. Gómez Carrillo primero formula preguntas retóricas a sus lectores como "de la Corea ¿qué sabemos? ¿Quién ha visto lo que hay bajo aquellos sombreros inmensos?" (125). Preguntas que lo forzan a responder: "nadie; no; nadie. . . . ¿Y dónde están hoy las letras coreanas?" (125). Después pasa a resumir la novela al español la cual se centra en el concepto del matrimonio.

10. La historia oral tiene que ver con el relato de una joven china infiel (117–18). Se trata de una moraleja la cual enfatiza cómo una mujer puede ser castigada por su infidelidad.

11. Ambrogi no traduce pero lo que acuerda con el chofer está implícito. Esta es la traducción del diálogo:

—¿Me podría hacerme el gran favor de acompañarme?
—¿A dónde desea ir usted?
—¡Voy a Asakusa Kwannon!

12. La siguiente es la traducción al español de las palabras que Ambrogi deja en Japonés: *kuruma,* auto; *hikite-tchayas,* actor/actriz; *biwas,* especie de mandolina; *shamisen,* especie de guitarra japonesa; *gueisha,* bailarina tradicional; *maikos,* actrices que actúan en un barrio específico de Kioto; *hokanes,* entradas; *maikos,* muchachas; *oiranes,* cortesana (17).

13. La siguiente traducción es de los términos que Tablada deja sin traducir: *matzuri,* festival religioso (59); *yashiki,* posada típica japonesa (37); *sammon,* pedir perdón (53); *chimchinyoski,* pregoneros (59); *banzai,* expresión de ánimo y alegría como "arriba," "adelante" (27).

14. Desde Japón, Rebolledo escribió *Hojas de bambú* [1907] y un poemario, *Rimas japonesas* [1907] además de una serie de crónicas inspiradas a lo largo de su viaje en ese país: "Nocturno," "La letanía de O Jaruko Sama," "El extranjero desconocido," "El palacio de Otojimé," "El coloquio de los bronces" y "El suplicio de Mona Lisa."

15. Pratt llama a este fenómeno "autoethnography" o "autoethnographic expression." Éste se basa en la expresión donde "colonized subjects undertake to represent themselves in ways that engage with the colonizer's own terms. If ethnographic texts are means by which Europeans represent to themselves their (usually subjugated) others, autoethnographic texts are those the others construct in response to or in dialogue with those metropolitan representations" (7).

Capítulo tres
"La muerte de la emperatriz de la China"

1. Los siguientes son unos ejemplos mínimos que ilustran esta tendencia. Théophile Gautier escribe un soneto titulado "Chinoiserie": "Celle que j'aime, à présent, est en Chine, / Elle demeure avec ses vieux parents, / Dans une tour de porcelaine fine, / Au fleuve Jaune, où sont les cormorants." Y, en la estrofa de otro soneto sin título, dice: "Pour veiner de son front la pâleur délicate, / Le Japon a donné son plus limpide azur; / La blanche porcelaine est d'un blanc bien moins pur / Que son col transparent et ses tempes d'agate" (citado por Schwartz 18). Edmond de Goncourt describe en *La maison d'un artiste au XIXe siècle* la decoración del famoso salón del artista saturado de "bibelots" de China y del Japón. De acuerdo a la crítica francesa, este libro inscribe en aquella literatura el uso de dichas "curiosidades": "*La Maison* . . . marque la date de l'entrée du bibelot japonais dans l'intimité du home [*sic*]. Ne semble-t-il pas que, depuis, le bibelot japonais se soit rendu désormais, un accessoire indispensable du décor intime?" (citado por Schwartz 73).

Louis Bouilhet, discípulo de Edmond de Goncourt, en su libro *Festons et astragales* (cuyo título cita Henríquez Ureña), escribe el poema "Le dieu de la porcelaine." La primera y última estrofa dicen así:

> Il est, en Chine, un petit dieu bizarre,
> Dieu sans pagode, et qu'on appelle Pu;
> J'ai pris son nom dans un livre assez rare,
> Qui le dit frais, souriant et trapu.
> [...]
> Et l'œil tourné vers Pé-Tche-Li la sainte,
> Je te promets de boire à ta santé,
> Sous les rayons de ma lanterne peinte,
> Un peu d'eau chaude avec beaucoup de thé.
>   (*Œuvres* 70–72)

Así como los autores que acabo de citar elaboran su discurso inspirados en la porcelana de la China, los modernistas paralelamente inscriben su propio orientalismo basado específicamente a partir de un contexto hispanoamericano. Por lo tanto, la escritura basada en un objeto de arte o en cierta "curiosidad" oriental es un lenguaje de la época en aquel fin de siglo en ambos lados del Atlántico.

2. De aquí en adelante sólo mencionaré el número de página; a menos que lo indique, todas las citas del cuento pertenecen a Darío, *Azul . . . ; El salmo de la pluma; Cantos de vida y esperanza; Otros poemas*.

3. Jean McClure Mudge documenta este hecho en su libro *Chinese Export Porcelain* 164.

4. Harold Koda y Richard Martin hicieron un interesante estudio sobre la influencia del Lejano Oriente en el vestido europeo y afirman lo siguiente:

> In the seventeenth and eighteenth centuries the Western wardrobe was vastly enriched by the sumptuous stuffs of the East that brought new pattern and possibility to Western dress, even as it was immediately copied by mills in England and France. In the nineteenth century, the era of universal expositions and colonial exchange brought object categories, such as silks from China, shawls from India, or, after 1854, kimono from Japan, into the West, and created businesses of copying and adaptation that used Western monikers. (20)

Por otra parte, la influencia del Lejano Oriente en el vestido de Latinoamérica es un tema poco estudiado. Yo estoy convencida, como Octavio Paz nos da la pista en *Vislumbres de la India,* que el traje de la "China Poblana" fue inspirado por modelos orientales:

He mencionado ciertas semejanzas y diferencias entre la India y México. . . . Si pasamos de la cocina al vestido, se presenta inmediatamente a la mente la "china poblana," con su fastuoso atavío. En Nueva España [México] se llamó "chinos" y "chinas" a los orientales que venían de Filipinas, Japón, China y la India. Se sabe que durante esa época tuvimos un comercio muy activo con esas regiones. Se ha dicho que el vestido de la "china poblana" podría ser una adaptación de los trajes femeninos de Gujarat, que llegaron a México por Cochin y las Filipinas. (96–97)

5. William Schurz, *The Manila Galleon.* También véase: Angel Nuñez Ortega, *Noticia histórica de las relaciones políticas y comerciales entre México y el Japón durante el siglo XVII* y Mudge 35–84.

Durante la época del modernismo la importación de objetos orientales —desde estatuas de la más fina porcelana hasta pequeños objetos de poco valor como eran las réplicas de Buda, abanicos de papel, quitasoles, jarrones, platos, etc.— llegaron a Hispanoamérica de Asia, Estados Unidos y también de Europa. Véase: Tinker Salas, *In the Shadow of the Eagles* 23; *Estadísticas económicas del Porfiriato: comercio exterior de México 1877–1911* 20, 195, 241, 327, 523; y Butterfield, *United States and Mexico: Commerce, Trade, and Postal Facilities between the Two Countries* 71, 74; Sanjay Subrahmanyam, *O Império Asiático Portugues, 1500–1700: Uma história política e económica* 164–72.

6. A mediados de 1911, Tablada escribe una triste nota en su diario: "'La Nao de China,' novela que trabajara con tanta disciplina, con tanto método y amor, sólo para que ya estando casi completa y esperando el M.S. sólo la *mise au point* para entregarlo a la imprenta, cayera una banda de pseudo-zapatistas formada por la gente maleante de Coyoacán, asaltara mi casa, la saqueara metódicamente y entre el botín se llevaran —¿con qué objeto?— todo el original de mi libro y dos cuadernos de notas que representaban el trabajo arduo de un año de Archivo General de la Nación. . . . Entre los lamentables sucesos que han amargado mi vida, fue éste el más reacio a la conformidad y al consuelo" (4: 74).

7. Glickman documenta que en La Habana existían varias tiendas donde podían comprarse jarrones chinescos, búcaros, porcelanas japonesas, biombos y tapices orientales. Ver *The Poetry of Julián del Casal* 2: 334.

8. En Martí, *Ismaelillo; Versos libres; Versos sencillos* 208.

9. El soneto está en las obras de Tablada: 1: 238.

10. En *S/Z* Barthes señala que "la mujer dividida, separada, no es más que un diccionario de objetos-fetiches" (93). De aquí en adelante solo mencionaré el número de página. A menos que lo indique, todas las citas corresponden al ensayo de Barthes, *S/Z*.

11. Sobre todo, los devotos budistas en Japón tienen dentro de su casa lo que se llama "butsuden." Es un pequeño santuario con imágenes de Buda al cual se le pone incienso y se ofrecen frutas y a veces flores.

12. En *S/Z*, Barthes escribe lo siguiente en torno a lo problemático que es articular la belleza:

> La belleza (contrariamente a la fealdad) no puede explicarse realmente: se dice, se afirma, se repite en cada parte del cuerpo, pero no se describe. Como un dios (tan vacía como él), sólo puede decir: *soy la que soy*. Al discurso no le queda más remedio entonces que afirmar la perfección en cada detalle y remitir el "resto" al código que funda toda la belleza: el Arte. . . . [A la belleza] todo predicado directo le está negado; los únicos predicados posibles son la tautología (*un rostro de un óvalo perfecto*) o la comparación (*bella como una virgen de Rafael, como un sueño de piedra,* etc.); de esta manera la belleza es remitida a la infinidad de los códigos: *¿Bella como Venus?* Pero ¿y Venus? ¿bella como qué?, ¿como ella misma? . . . (26–27)

13. Véase Jackson 19–51; Eberhard 107, 357–51; y Mason 211–38.

14. Para un estudio a fondo sobre las representaciones y contextos de la *femme fatale,* ver Virgina Allen, *The Femme Fatale,* o *The Great Mother* de Erich Neumann, quienes rastrean las representaciones de esta figura desde la prehistoria hasta los tiempos modernos.

Capítulo cuatro
Pintura y peregrinación en la poesía oriental modernista

1. Citado en Ferreiro, *La obra poética de Rubén Darío* 13.

2. El poema está en Darío, *Poesías completas* 603–05.

3. Citado en Darío, *Poesías completas* 695.

4. Véase Henríquez Ureña, *Breve historia del modernismo* 12–13 y Kirkpatrick 38–39.

5. Únicamente diez ejemplares se imprimieron en papel Imperial del Japón, diez en papel de hilo hecho a mano y diez en papel Wattman. Esta información está inscrita en el original antes del prólogo.

6. Hiroshigue (1797–1858) fue el pintor más famoso de la Era Tokugawa. Inspirado en las "vistas del Monte Fuji" del pintor Hokusai, su antecesor, también siguió las huellas del poeta Basho cuando viajó (a manera de peregrino religioso y poeta) a Kioto para pintar sus cuadros más famosos. Ver Tablada, *Hiroshigué* 35; Mason 318; y Friedman 34.

7. Tablada, *Hiroshigué* 68. La traducción es de Tablada. De aquí en adelante, a menos que lo especifique, únicamente anotaré el número de página. Todas las citas pertenecen a *Hiroshigué: el pintor de la nieve y de la lluvia, de la noche y de la luna.*

8. La palabra "tori" sigifica lo mismo que "Torii." De aquí en adelante utilizaré el término "Torii" para referirme al vocablo que empleó Tablada o para aludir a un pórtico sagrado en general. Utilizaré "tori" para referirme al término empleado por Rebolledo en "Paisaje nipón."

9. En Casal, *Nieve* 75–77.

10. Tablada tenía el proyecto de producir estudios comparativos sobre el arte oriental/mexicano. *Hiroshigué* es la primera "monografía" de una serie que el escritor escribiría más tarde. Aunque nunca las publicó, al principio de su ensayo anuncia que las próximas a publicarse serían: "Aztecas y japoneses," "La ceremonia del The (Tcha no yu)," "La fiesta del incienso (Ko-Kuai)" y "El arte floral japonés." Al pie de página donde describe la semejanza entre el Fujiyama y el Iztacihuatl manifiesta que esta "estampa, por esa misma semejanza con nuestra leyenda, servirá de carátula a mi libro próximo a publicarse: 'Aztecas y japoneses.'"

11. Este poema fue publicado cuatro años después de la publicación de *Hiroshigué* en la *Revista de Revistas* el 7 de abril de 1918. Los puntos que dividen al primer verso de la estrofa que lo sigue son parte del poema o, por lo menos, así está impreso en Tablada 1: 512–13.

12. A manera de analogía, Octavio Paz toma como punto de partida dos escenarios convergentes los cuales son el comienzo de una búsqueda en torno al sentido del lenguaje en *El mono gramático,* y, sorprendentemente, recrea una constelación entre presencias pictóricas y fonéticas, tal como Tablada lo hace. Paz dice:

> Escribir y hablar es trazar un camino: inventar, recordar, imaginar una trayectoria, ir hacia . . . La pintura nos ofrece una visión, la literatura nos invita a buscarla y así traza un camino imaginario hacia ella. La pintura construye presencias, la literatura emite sentidos y después corre tras de ellos. El sentido es aquello que emiten las palabras y que está más allá de ellas, aquello que se fuga entre las mallas de las palabras y que ellas quisieran retener o atrapar. (109)

13. En Rebolledo, *Obras completas* 70.
14. En Tablada 1: 231–33.
15. En Fenton et al., *Religions of Asia* 204.
16. Para una explicación a fondo sobre el sincretismo que se llevó a cabo entre sintoísmo y budismo y sobre las sectas de la montaña del budismo así como el concepto de las montañas sagradas dentro de las dos religiones, ver Fenton et al., *Religions of Asia* 260–65.

Bibliografía

Aching, Gerard. *The Politics of Spanish American Modernism: By Exquisite Design.* New York: Cambridge UP, 1997.

Alcock, Rutherford. *Art and Art Industries in Japan.* London, 1878.

Allen, Virginia. *The Femme Fatale: A Study of the Early Development of the Concept in Mid-Nineteenth Century Poetry and Painting.* Diss. Boston U, 1979. Ann Arbor: UMI, 1981. 0822.

Ambrogi, Arturo. *Sensaciones del Japón y de la China.* San Salvador: Dirección General del Ministerio de Educación, 1963.

Anaya, José Vicente. *Hikurí y otros poemas.* México, DF: Consejo Nacional para la Cultura y las Artes, 1988.

Anderson-Imbert, Enrique. *La originalidad de Rubén Darío.* Buenos Aires: Centro Editor de América Latina, 1967.

Antonioli, Roland, ed. *Exotisme et création: Actes du Colloque International Lyon, 1983.* Lyon: L'Hermes, 1985.

Ashcroft, Bill, Gareth Griffiths, and Helen Tiffin. *The Empire Writes Back: Theory and Practice in Post-Colonial Literatures.* New York: Routledge, 1994.

Bakhtin, Mikhail M. *Speech Genres and Other Late Essays.* Trad. Vern W. McGee. Austin: U of Texas P, 1986.

Barthes, Roland. *Mythologies.* New York: Hill, 1972.

———. *S/Z.* Trad. Nicolás Rosa. México: Siglo Veintiuno, 1992.

Basho, Matsuo. *Sendas de Oku.* Trad. Eikichi Hayashiya y Octavio Paz. México: Seix Barral, 1981.

Bellatín, Mario. *El jardín de la señora Murakami.* México: Tusquets, 2000.

———. *La escuela del dolor humano de Sechuán.* México: Tusquets, 2001.

Benjamin, Walter. "The Work of Art in the Age of Mechanical Reproduction." *Illuminations.* Trad. Harry Zohn. Ed. Hannah Arendt. NewYork: Schocken, 1969. 217–51.

Beyer, Stephan. *The Buddhist Experience: Sources and Interpretations.* Belmont, CA: Wadsworth, 1974.

Bhabha, Hommi K. *The Location of Culture.* New York: Routledge, 1994.

Bolaño, Roberto. "El ojo Silva." *Letras Libres* 2.19 (julio 2000): 68–72.

Bongie, Chris. *Exotic Memories: Literature, Colonialism, and the Fin de Siècle.* Stanford: Stanford UP, 1991.

Bibliografía

Borges, Jorge Luis. *Ficciones.* Buenos Aires: Emecé, 1989.

———. *Otras inquisiciones.* Madrid: Alianza, 1981.

Bouilhet, Louis. *Œuvres: Festons et astragales; Melaenis; Dernières chansons.* Paris, 1881.

Brotherson, Gordon. *Latin American Poetry: Origins and Presence.* Cambridge: Cambridge UP, 1975.

Butterfield, Carlos. *United States and Mexico: Commerce, Trade, and Postal Facilities between the Two Countries.* New York: Hasbrouck, 1861.

Cáceres, Ernest. *La luz viene de Oriente.* Lima: Médica Peruana, 1960.

Casal, Julían del. *Nieve.* México: El intransigente, 1893.

———. *Obra poética.* Comp. Alberto Rocasolano. La Habana: Letras Cubanas, 1982.

———. *Prosas: edición del centenario.* 3 vols. La Habana: Consejo Nacional de Cultura, 1963.

Ceide-Echevarría, Gloria. *El haikai en la lírica mexicana.* México: Andrea, 1967.

"Chinoiserie." *Harrap's Illustrated Dictionary of Art and Artists.* 1990 ed.

Clifford, James. Introduction. *Writing Culture: The Poetics and Politics of Ethnography.* Ed. Clifford and George E. Marcus. Berkeley y Los Angeles: U of California P, 1986. 1–19.

———. *The Predicament of Culture: Twentieth Century Ethnography, Literature and Art.* Cambridge, MA: Harvard UP, 1988.

———. "The Translation of Cultures: Maurice Leenhardt's Evangelism, New Caledonia 1902–1926." *Contemporary Literary Criticism: Literary and Cultural Studies.* Ed. Robert Con Davis y Ronald Schleifer. New York: Longman, 1994. 626–41.

Corti, Maria. *Introduction to Literary Semiotics.* Trad. Margherita Bogat y Allen Mandelbaum. Bloomington: Indiana, UP, 1978.

Crapanzano, Vincent. "Hermes' Dilemma: The Masking of Subversion in Ethnographic Description." *Writing Culture: The Poetics and Politics of Ethnography.* Ed. James Clifford y George E. Marcus. Berkeley y Los Angeles: U of California P, 1986. 51–56.

Cross, Elsa. *Canto malabar y otros poemas.* México, DF: Consejo Nacional para la Cultura y las Artes, 1994.

Darío, Rubén. *Azul . . . ; El salmo de la pluma; Cantos de vida y esperanza; Otros poemas.* México: Porrúa, 1992.

———. *Cuentos y crónicas.* Madrid: Mundo Latino, 1918.

Bibliografía

Darío, Rubén. *Cuentos y crónicas*. Madrid: Tipografía Yagües, 1918.

———. *Poesía: libros poéticos completos y antología de la obra dispersa*. Ed. Ernesto Mejía Sánchez. México: FCE, 1952.

———. *Poesías completas*. Ed. Alfonso Méndez Plancarte y Antonio Oliver Belmás. Madrid: Aguilar, 1967.

———. *Prosas profanas y otros poemas*. Buenos Aires: Femina, 1944.

Díaz Alejo, Ana, y Ernesto Prado. *Índice de la Revista Azul*. México: UNAM, 1968.

Díaz Plaja, Guillermo. *Modernismo frente a Noventa y Ocho*. Madrid: Espasa-Calpe, 1951.

Dijkstra, Bram. *Idols of Perversity: Fantasies of Feminine Evil in Fin-de-Siecle Culture*. New York: Oxford UP, 1987.

Donoso, José. *Cuentos*. Santiago de Chile: Aguilar Chilena, 1998.

Drucker, Johanna. *Theorizing Modernism: Visual Art and the Critical Tradition*. New York: Columbia UP, 1994.

Durán, Manuel. "Julián del Casal y los orígenes del modernismo." *Actas del Congreso Internacional sobre el Modernismo Español e Hispanoamericano y sus raíces andaluzas y cordobesas*. Ed. Guillermo Carnero. Córdoba: Excma. Diputación Provincial, 1987. 239–50.

Eberhard, Wolfram. *A History of China*. Berkeley y Los Angeles: U of California P, 1977.

Estadísticas económicas del porfiriato: comercio exterior de México, 1877–1911. México: Colegio de México, 1960.

Fenton, John Y., et al. *Religions of Asia*. New York: St. Martin's, 1988.

Fernández de Lizardi, José Joaquín. *El periquillo sarniento*. La Habana: Arte y Literatura, 1987.

Fernández Ibáñez, Roberto. "De viento y nube." Colección de *haiku* y fotografía. Casa Cultural Julia de Burgos, Yale U, New Haven, CT, 2002.

Ferreiro Villanueva, Cristina. *La obra poética de Rubén Darío*. Madrid: Daimon, 1986.

Ferreres, Rafael. *Los límites del modernismo*. Madrid: Taurus, 1964.

Fogelquist, Donald F. "El carácter hispánico del modernismo." *Estudios críticos sobre el modernismo*. Ed. Homero Castillo. Madrid: Gredos, 1968. 66–74.

Fombona Iribarren, Jacinto. "El texto de viajes de la época modernista: viajeros hispanoamericanos y la construcción de Europa." Diss. Yale U, 1993.

Bibliografía

Friedman, Mildred. *Tokyo: Form and Spirit*. New York: Abrams, 1986.

Futoransky, Luisa. *Son cuentos chinos*. Buenos Aires: Planeta, 1991.

Gage, Thomas. *Thomas Gage's Travels in the New World*. Ed. Eric S. Thompson. Norman: Oklahoma UP, 1958.

Garibay, Angel María. *Voces de Oriente: antología de textos literarios del Cercano Oriente*. México: Porrúa, 1990.

Geertz, Clifford. *The Interpretation of Cultures*. Princeton, NJ: Harper, 1973.

Gemelli Carreri, Juan Francesco. *Viaje a la Nueva España: México a fines del siglo XVII*. Trad. José María Agreda y Sánchez. 2 vols. Biblioteca Mínima Mexicana. México: Libro-Mex., 1955.

Glickman, Robert Jay. *The Poetry of Julián del Casal: A Critical Edition*. 2 vols. Gainesville: UP of Florida, 1976.

Gómez Carrillo, Enrique. *El alma japonesa*. Paris: Garnier Hermanos, 1906.

———. *De Marsella a Tokio: sensaciones de Egipto, la India, la China y el Japón*. Paris: Garnier Hermanos, 1906.

———. *El Japón heroico y galante*. México: Novaro, 1958.

González Echevarría, Roberto. "The Case of the Speaking Statue: *Ariel* and the Magisterial Rhetoric of the Latin American Essay." En su *The Voice of the Masters: Writing and Authority in Modern Latin American Literature*. Austin: U of Texas P, 1985. 8–32.

———. Introducción. *De donde son los cantantes*. De Severo Sarduy. Madrid: Cátedra, 1993.

———. "Literature and Exile: Carpentier's 'Right to Sanctuary.'" En su *The Voice of the Masters: Writing and Authority in Modern Latin American Literature*. Austin: U of Texas P, 1985. 124–36.

———. "Martí y su 'Amor de ciudad grande.'" *Nuevos asedios al modernismo*. Ed. Ivan A. Schulman. Madrid: Taurus, 1987. 160–73.

———. "Modernidad, modernismo y nueva narrativa: *El recurso del método*." *Revista Interamericana de Bibliografía* 30 (1980): 157–63.

González, Aníbal. *La crónica modernista hispanoamericana*. Madrid: Porrúa Turanzas, 1983.

Greenblatt, Stephen. *Marvelous Possessions: The Wonder of the New World*. Chicago: U of Chicago P, 1991.

Bibliografía

Grünfeld, Mihai G. "Cosmopolitismo modernista y vanguardista: una identidad latinoamericana divergente." *Revista Iberoamericana* 146–47 (1989): 33–40.

Gullón, Ricardo. *Direcciones del modernismo*. Madrid: Gredos, 1963.

———. *El modernismo visto por los modernistas*. Barcelona: Labor, 1980.

Gutiérrez, Léon Guillermo. "Sombras de lo fingido." Inédito, 2002.

Gutiérrez-Girardot, Rafael. *Modernismo*. Barcelona: Montesinos, 1983.

Hagiwara, Sakutaro. *Ao neko*. Tokyo: Nihon Kindai Bungakukan, 1970.

———. *Hagiwara Sakutaro*. Tokyo: Chuo Koronsha, 1968.

———. *Tsuki ni hoeru*. Tokyo: Sekkasha, 1971.

Haydu, George. *Experience Forms: Their Cultural and Individual Place and Function*. The Hague: Mouton, 1979.

Henríquez Ureña, Max. *Breve historia del modernismo*. México: Fondo de Cultura Económica, 1978.

Ishikawa, Takuboku. *Romaji nikki*. Tokyo: Noberu Shobo, 1982.

Jackson, James. *A Glimpse at the Art of Japan*. Rutland, VT: Tuttle, 1984.

Jacobson, Dawn. *Chinoiserie*. New York: Phaidon, 1993.

Jiménez, José Olivio. "José Martí y la creación del modernismo hispanoamericano." *Actas del Congreso Internacional sobre el Modernismo Español e Hispanoamericano y sus raíces andaluzas y cordobesas*. Ed. Guillermo Carnero. Córdoba: Excma. Diputación Provincial, 1987. 239–48.

———, ed. *El simbolismo*. Madrid: Taurus, 1979.

Jiménez, Juan Ramón. *El modernismo: notas en torno de un curso*. 1953. México: Aguilar, 1962.

Jrade, Cathy L. *"Modernismo," Modernity, and the Development of Spanish American Literature*. Austin: U of Texas P, 1998.

———. *Rubén Darío and the Romantic Search for Unity: The Modernist Recourse to Esoteric Tradition*. Austin: U of Texas P, 1983.

Kinoshita, Naoe. *Hi no hashira*. Ed. Takeda Kiyoko. Tokyo: Chikuma Shobo, 1975.

Kirkpatrick, Gwen. *The Dissonant Legacy of Modernism: Lugones, Herrera and the Voices of Modern Spanish American Poetry*. Berkeley y Los Angeles: U of California P, 1989.

Koda, Harold, y Richard Martin. *Orientalism: Visions of the East in Western Dress*. New York: Metropolitan Museum of Modern Art, 1994.

Bibliografía

Kojima, Setsuko, y Momoo Yamaguchi. *A Cultural Dictionary of Japan.* Tokyo: Kenkyusha, 1998.

Kronik, John W. "Influencias francesas en la génesis del modernismo: parnaso y simbolismo." *Actas del Congreso Internacional sobre el Modernismo Español e Hispanoamericano y sus raíces andaluzas y cordobesas.* Ed. Guillermo Carnero. Córdoba: Excma. Diputación Provincial, 1987. 35–51.

Kushigian, Julia A. *Orientalism in the Hispanic Literary Tradition: In Dialogue with Borges, Paz and Sarduy.* Albuquerque: U of New Mexico P, 1991.

Litvak, Lily, ed. *Geografías mágicas: viajeros españoles del siglo XIX por países exóticos (1800–1913).* Barcelona: Laertes, 1984.

Lowe, Lisa. *Critical Terrains: French and British Orientalisms.* Ithaca: Cornell UP, 1991.

Maples Arce, Manuel. *Ensayos japoneses.* México: Cultura, 1959.

Marasso, Arturo. *Rubén Darío y su creación poética.* La Plata: Universidad de la Plata, 1934.

Martí, José. *Ismaelillo; Versos libres; Versos sencillos.* Ed. Iván A. Schulman. México: Cátedra, 1987.

———. *Obras completas.* 26 vols. La Habana: Editora Nacional de Cuba, 1963–73.

Mason, Penelope. *A History of Japanese Art.* Englewood Cliffs, NJ: Prentice, 1993.

Maza, Francisco de la. *Catarina de San Juan, princesa de la India y visionaria de Puebla.* México: Libros de México, 1971.

Mills, Sara. *Discourses of Difference: An Analysis of Women's Travel Writing and Colonialism.* London: Routledge, 1992.

Morton, W. Scott. *Japan: Its History and Culture.* New York: McGraw, 1984.

Mudge, Jean McClure. *Chinese Export Porcelain in North America.* New York: Potter, 1986.

Napier, David. *Foreign Bodies: Performance, Art, and Symbolic Anthropology.* Berkeley y Los Angeles: U of California P, 1992.

Nervo, Amado. *Obras completas.* Ed. Francisco González Guerrero y Alfonso Méndez Plancarte. 2 vols. México: Aguilar, 1967.

Neumann, Erich. *The Great Mother: An Analysis of the Archetype.* Trad. Ralph Manheim. Princeton: Princeton UP, 1972.

Nochlin, Linda. *The Politics of Vision: Essays on Nineteenth-Century Art and Society.* New York: Harper, 1989.

Bibliografía

Nuñez Ortega, Angel. *Noticia histórica de las relaciones políticas y comerciales entre México y el Japón durante el siglo XVII.* México: Porrúa, 1971.

Oe, Kenzaburo. *Jinsei no shinseki.* Tokyo: Shinchosha, 1989.

Ortiz, Fernando. *Contrapunteo cubano del tabaco y el azúcar.* La Habana: Montero, 1940.

Ota Mishima, María Elena. *México y Japón en el siglo XIX: la política exterior de México y la consolidación de la soberanía japonesa.* Tlatelolco, México: Secretaría de Relaciones Exteriores, 1976.

Paz, Octavio. *Cuadrivio.* México: Joaquín Mortiz, 1984.

———. *Los hijos del limo.* Barcelona: Seix Barral, 1974.

———. *El mono gramático.* Barcelona: Seix Barral, 1974.

———. *El signo y el garabato.* México: Joaquín Mortiz, 1973.

———. *Vislumbres de la India.* México: Planeta Mexicana, 1995.

Pierrot, Jean. *The Decadent Imagination, 1880–1900.* Trad. Derek Coltman. Chicago: U of Chicago P, 1981.

Pollock, Griselda. *Vision and Difference: Femininity, Feminism and Histories of Art.* London: Routledge, 1988.

Pratt, Mary Louise. *Imperial Eyes: Travel Writing and Transculturation.* London y New York: Routledge, 1992.

Prieto Reyes, Marco Vinicio. *La Bogotá señorial.* Tunja, Colombia: Universidad Pedagógica, 1989.

Rama, Angel. *Rubén Darío y el modernismo: circunstancia socioeconómica de un arte americano.* Caracas: Biblioteca Central de Venezuela, 1970.

Ramos, Julio. *Desencuentros de la modernidad en América Latina: literatura y política en el siglo XIX.* México: FCE, 1989.

Rebolledo, Efrén. *Obras completas.* Ed. Luis Mario Schneider. México: Instituto Nacional de Bellas Artes, 1967.

Roa Bastos, Augusto. *Madama Sui.* Madrid: Santillana, 1996.

Rodó, José Enrique. *Obras completas.* Ed. Emir Rodríguez Monegal. Madrid: Aguilar, 1967.

Rodríguez Izquierdo, Fernando. *El haiku japonés: historia y traducción.* Madrid: Hiperión, 1994.

Romero, Patricia W., ed. *Women's Voices on Africa and Africans: A Century of Travel Writings.* Princeton: Wiener, 1992.

Ross, Nancy Wilson. Introduction. *The World of Zen: An East-West Anthology.* New York: Random, 1960. 3–14.

Bibliografía

Rotker, Susana. *Fundación de una escritura: las crónicas de José Martí.* La Habana: Casa de las Américas, 1992.

Ruy Sánchez, Alberto. *Los nombres del aire.* México: Joaquín Mortiz, 1987.

Said, Edward W. *Orientalism.* London: Routledge, 1979.

———. "The Politics of Knowledge." *Contemporary Literary Criticism: Literary and Cultural Studies.* Ed. Robert Con Davis and Ronald Schleifer. New York: Longman, 1994. 144–53.

Saisselin, Rémy. *The Bourgeois and the Bibelot.* New Brunswick, NJ: Rutgers UP, 1984.

Salinas, Pedro. *La poesía de Rubén Darío.* Barcelona: Seix Barral, 1974.

———. "El problema del modernismo en España, o un conflicto entre dos espíritus." *Estudios críticos sobre el modernismo.* Ed. Homero Castillo. Madrid: Gredos, 1968. 23–34.

Saussure, Ferdinand de. *Course in General Linguistics.* Trad. Wade Baskin. New York: McGraw, 1966.

Schulman, Iván A. "Modernismo/modernidad: metamorfosis de un concepto." *Nuevos asedios al modernismo.* Madrid: Taurus, 1987. 11–38.

———, ed. *Nuevos asedios al modernismo.* Madrid: Taurus, 1987.

———. "Reflexiones en torno a la definición del modernismo." *Estudios críticos sobre el modernismo.* Ed. Homero Castillo. Madrid: Gredos, 1968. 325–57.

Schurz, William L. *The Manila Galleon.* New York: Dutton, 1959.

Schwartz, William. *The Imaginative Interpretation of the Far East in Modern French Literature, 1800–1925.* Paris: Champion, 1927.

Serrano, Marcela. *Nuestra Señora de la Soledad.* Santiago de Chile: Alfaguara, 1999.

Sinán, Rogelio. *La boina roja: cuentos.* Panamá: Ministerio de Educación, Departamento de Bellas Artes, 1961.

Sigüenza y Góngora, Carlos. *Infortunios de Alonso Ramírez.* 1690. Ed. Jaime J. Martínez. Rome: Bulzoni, 1993.

Silva, José Asunción. *Obra completa.* Ed. Eduardo Camacho Guizado. Caracas: Ayacucho, 1981.

Sosa, Víctor. *El oriente en la poética de Octavio Paz.* México: Secretaría de Cultura, 2000.

Spivak, Gayatri Chakravorty. *In Other Worlds: Essays in Cultural Politics.* New York: Methuen, 1987.

Bibliografía

Subrahmanyam, Sanjay. *O Império Asiático Portugues, 1500–1700: Uma história política e económica.* Linda-a-Velha: DIFEL, 1995.

Tablada, José Juan. *En el país del sol.* New York: Appleton, 1919.

———. *Hiroshigué: el pintor de la nieve y de la lluvia, de la noche y de la luna.* México: Monografías Japonesas, 1914.

———. *Historia del arte en México.* México: Cía. Nal. Edit. Aguilas, 1927.

———. *Las sombras largas.* México: CONACULTA, 1993.

———. *Obras completas.* Ed. Guillermo Sheridan. 5 vols. México: UNAM, 1991–94.

Tanco Armero, Nicolás. *Viaje de Nueva Granada à China y de China à Francia.* Paris: Simon Raçon, 1861.

Tauro, Alberto. "Crónicas de Japón." Separata de la *Revista Letras* [Lima], no. 64 (primer semestre de 1960).

———. "Crónicas de las Filipinas." Separata de la *Revista Letras* [Lima], no. 65 (segundo semestre de 1960).

Tinker Salas, Miguel. *In the Shadow of the Eagles: Sonora and the Transformation of the Border during the Porfiriato.* Berkeley y Los Angeles: U of California P, 1997.

Todorov, Tzvetan. *Nosotros y los otros.* México: Siglo XXI, 1991.

Turner, Bryan S. *Orientalism, Postmodernism and Globalism.* New York: Routledge, 1994.

Uchimura, Kanzo. *How I Became a Christian.* Tokyo: Keiseisha, 1895.

Van Damme, Wilfried. *Beauty in Context: Towards an Anthropological Approach to Aesthetics.* New York: Brill, 1996.

Vela, Arqueles. *El modernismo: su filosofía, su estética, su técnica.* México: Porrúa, 1949.

Walsh, Thomas F. *Katherine Anne Porter and Mexico: The Illusion of Eden.* Austin: U of Texas P, 1992.

Wolff, Janet. *Aesthetics and the Sociology of Art.* Ann Arbor: U of Michigan P, 1993.

Yegenoglu, Meyda. *Colonial Fantasies: Towards a Feminist Reading of Orientalism.* Cambridge, UK; New York: Cambridge UP, 1998.

Índice alfabético

Acapulco, 68
Aching, Gerard, 58, 111
alfabeto japonés, 51
alma japonesa, El (Gómez Carrillo), 29–30
Ambrogi, Arturo, 1, 42, 49, 60–61, 65, 152n8
americanización en Asia, 60–61, 65
Analectas (Confucio), 131
Ando, Hiroshigue, 43, 107, 110, 117, 156n6
antropología
    e informe etnográfico, 25–26, 35–36, 53–55, 59, 150–51n21
    y libros de viaje, 23, 25–26, 35–40, 53–55
    y literatura, 25, 35, 150–51n21
arte
    y adaptación cultural, 70–73, 88–91
    y contextualización, 51–52, 70–73, 77, 85, 88–90, 96–97
    como "curiosidad," 79–84, 93–97
    y estética oriental, 92–93, 96
    y fetichismo, 89
    e identidad, 100
"arte japonés: a vista de pájaro, El" (Casal), 79–80, 118
arte oriental, 71–77
    como abundancia, 91
    y asimetría, 115–16
    y budismo, 94
    como culto, 81, 88, 90–91, 94
    como decoración, 77–81
    y estética, 91–93, 96–97
    como exhibición, 88
    e ideal estético, 94
    e iluminación interior, 123, 126
    e imperialismo, 95
    y leyenda mítica azteca, 125
    y manifiesto modernista, 102
    y naturaleza, 101, 112–13
"Aztecas y japoneses" (Tablada), 157n10
Azul . . . (Darío), 7–8, 12

Bakhtin, Mikhail, 35
barrio chino, en Yokohama, 24, 66–67
Barthes, Roland, 87, 99, 147n5, 155n10, 156n12
Basho, Matsuo, 28, 106–08, 129, 143
Benjamin, Walter, 37, 88–90
Bhabha, Hommi, 24–25, 150n20
bibelots, 93, 142, 153–54n1
Bolaño, Roberto, 141
Bongie, Chris, 10
Bouilhet, Louis, 154n1
budismo
    y arte oriental, 94, 119
    e iluminación interior, 123, 126
    en "Kakemono" (Casal), 119
    y meditación, 122
    y nirvana, 133, 135
    y peregrinación, 108–10, 131
    y pintura, 129

canto errante, El (Darío), 105–06
Cantos de vida y esperanza (Darío), 104
Carpentier, Alejo, 40
Casal, Julián del, 1, 5, 13, 26
    y artefactos culturales, 79–81
    "El arte japonés: a vista de pájaro," 79–80, 118
    "Kakemono," 118–21
Catarina de San Juan (Maza), 139
Ceilán, 23, 46–48, 61, 68
cerámica. *Véase* porcelana de la China

Índice alfabético

ceremonia de té, 41–42, 56–57
Clifford, James, 26
Colombo, 68
colonialismo europeo
  británico, 41, 48
  en Ceilán, 23
  crítica al, 24, 38–39, 41–42, 48, 59, 62–63
  en Egipto, 41
  francés, 41, 62–63
  en Latinoamérica, 23
  en Saigón, 63
comercio exterior
  entre Asia y Latinoamérica, 13, 22, 73–83, 148n9, 155n5
  y Europa, 13
  en *Infortunios de Alonso Ramírez* (Sigüenza y Góngora), 22
  y modernidad, 12
  en *El periquillo sarniento* (Fernández de Lizardi), 22
  en relatos de viaje, 22
Confucio (*Analectas*), 131
cosmopolitismo, 23, 28
Crapanzano, Vincent, 35–36, 55
cristianismo, y peregrinaje, 102
curiosidad, arte como, 79–84, 93–97, 153n1

China Poblana, viii, 75, 154–55n4
chinerías, 12, 142
chinoiserie, 29, 151n22, 153n1
chucherías, 93–97, 142

danza japonesa, 55
Darío, Rubén
  Azul . . . , 7–8, 12
  El canto errante, 105–06
  Cantos de vida y esperanza, 104
  "De invierno," 28–29
  "Divagación," 134–35
  "La muerte de la emperatriz de la China," 69–73, 78–100, 142

"El reino interior," 104
"El Rey Burgués," 79, 91–92
"De invierno" (Darío), 28–29
De Marsella a Tokio (Gómez Carrillo), 4, 33, 38–41, 45–48, 52, 58, 151n3
descubrimiento de América, y versión china, 39–40
"Divagación" (Darío), 134–35
Durán, Manuel, 11, 136

"Elogio del buen *haijín*" (Tablada), 77, 109–11
Empress of China (barco), 73
etnografía
  y literatura, 26, 35, 150–51n21
  y método, 35–36
  y relatos de viaje, 53–55
europeización, en Asia, 60–65
"Exégesis" (Tablada), 125
exotismo, 3, 7–11, 16–18, 137

femme fatale, 99, 156n14
Fernández de Lizardi, José Joaquín, *El periquillo sarniento,* 22, 68, 76, 139
fetichismo, y arte, 89
Fogelquist, Donald F., 147n4
Fombona, Jacinto, 33
"Fuji-No-Yama" (Rebolledo), 126–28
Fujiyama (Monte Fuji), 124, 135–36

Gage, Thomas, 75
Gautier, Théophile, 72, 153n1
Geertz, Clifford, 25, 35–36
Gemelli Carreri, Juan Francesco, *Viaje a la Nueva España,* 22, 74–75
Genji monogatari (Murasaki), 44
globalización, y orientalismo, 20
Gómez Carrillo, Enrique
  El alma japonesa, 29–30
  crítica al colonialismo, 39–41, 48, 62–63

Índice alfabético

y la crítica europea, 29, 53
De Marsella a Tokio, 4, 33, 38–41, 45–48, 52, 58, 151n3
y escritoras japonesas, 30–31
Goncourt, Edmond de, 72, 153n1
González, Aníbal, 9, 19, 102–03
González Echevarría, Roberto, 12, 13, 40

haijin, definición, 43, 77, 109
Hagiwara, Sakutaro, 148
haiku, vii
   definición, 43–44
   en *Hiroshigué* (Tablada), 129
   introducción a Latinoamérica, 30–44
   y *nao* de la China, 77–78
   y naturaleza, 43
   y Octavio Paz, 140–41
   y pintura japonesa, 43
   en teatro noo, 54
Henríquez Ureña, Max, 8–9, 72, 156n4
Hiroshigue (Hiroshigue Ando), 43, 107, 110, 117, 156n6
Hiroshigué (Tablada), 107–13, 122–29, 136–37
historias enmarcadas, en libros de viaje, 46–48
historia latinoamericana, e importación de artefactos culturales, 13, 22, 73–83
Hokusai (Hokusai Katsushika), 52, 101, 103–04, 109–10, 117, 119, 151–52n3, 156n6
Hong Kong, 23, 65

iluminación interior (*satori*), y zen, 123, 126
imperialismo europeo, 3, 12–13, 17, 38, 20, 95
importación. *Véase* comercio exterior
India, 23

Indochina, 23–24, 62–64
industrialización, en Asia, 14–15, 60–62
Infortunios de Alonso Ramírez (Sigüenza y Góngora), 22, 139
Ishikawa, Takuboku, *Romaji nikki,* 14, 148n10
Iztacihuatl, 125

"Japón" (Tablada), 130–33
Japón, 23
   como centro del universo, 45–56
   y educación, 66
   y escritoras, 30
   y escritura moderna, 14, 148n10
   e internacionalización, 45, 59
   y modernidad, 14–16, 45–46
   y la mujer, 30
japonerías, 12, 142
Jrade, Cathy L., 13–14, 148n8

kakemono, 118–21
"Kakemono" (Casal), 118–21
Katsushika, Hokusai, 52, 101, 103–04, 109–10, 117, 119, 151–52n3, 156n6
Kinoshita, Naoe, *Hi no hashira,* 14
Kioto, 60
Kitawaga, Utamaro, 117
Kojiki, 131
Kronik, John, 7
Kushigian, Julia, *Orientalism in the Hispanic Literary Tradition,* 17–19, 70

lenguaje "preciosista," 112
libro, como templo, 112
libros de viaje. *Véase* viaje, libros de
literatura latinoamericana contemporánea, orientalismo en, 17, 68, 139–44

Índice alfabético

literatura oriental, en libros de viaje, 47–49
Litvak, Lily, 147n5
Loti, Pierre, 8, 10, 52

Mahaavansa, 46–48
Manila, 68
manileños. Véase nao de la China
Martí, José, 1, 5, 13, 26, 27, 30
   y filosofía oriental, 15–16, 149n14
   y modernidad, 14–16
   y *Versos sencillos,* 82, 155n8
Maza, Francisco de la, *Catarina de San Juan,* 139
meditación, y zen, 110–22, 128–29
modernidad
   y comercio exterior, 12–14
   europea, 11–12
   y fin de siglo, 11–16
   e industrialización en Asia, 60–61
   en Japón, 12, 14–16, 45, 59
   latinoamericana, 11–12, 14–16
   latinoamericana comparada con la asiática, 14–15, 45–46, 149n11
   y literatura japonesa, 14
   y modernismo, 11–12
   y nacionalismo, 15–16
modernismo
   y comercio exterior, 12–13
   y la crítica, 3–4, 146n2
   y escapismo, 6, 11, 18
   y europeización, 7–9, 11
   y exotismo, 3, 8–11, 16–18
   y globalización, 20
   e imitación, 29, 34, 69, 72
   y libros de viaje europeos, 34, 37
   y manifiesto, 102
   y método etnográfico, 25–27
   y modernidad, 11–12, 14–16, 45–46, 113

   y peregrinación, 102–03
   y poscolonialismo, 10, 21, 24–25
   y positivismo, 16
   y recepción europea, 29
   reevaluación del, 4–7, 145n6, 146n2
   y romanticismo, 105–06
Monte Fuji (Fujiyama), 124, 135–36
Mori, Ogai, 12
"muerte de la emperatriz de la China, La" (Darío), 69–73, 78–100, 142
Murasaki, Shikibu (*Genji monogatari*), 44
museo, 55–56, 88
música oriental y occidental, 55

nacionalismo, y modernidad, 16
nao de la China (*nao* de Manila), 70, 73–76, 139
   en *Infortunios de Alonso Ramírez* (Sigüenza y Góngora), 74
   en *El periquillo sarniento* (Fernández de Lizardi), 76
   en poesía, 77–78, 125
   en *Viaje a la Nueva España* (Gemelli Carreri), 74
Napier, David, 2, 89–90, 100
naturaleza
   en arte oriental, 101, 115–18
   en *haiku,* 43–44
   en latinoamérica, 105, 111, 118, 136
   y peregrinación, 104
   y zen, 49, 113–14
Nervo, Amado, 147n4
Nikko (Rebolledo), 33, 50–52, 55, 59
nirvana, 129
   definición de, 133–35
Nochlin, Linda, 95
noo, teatro, 54–55

Índice alfabético

occidentalización en Japón, 52, 59
Oe, Kenzaburo, 141
Okusai, 43, 101, 117. *Véase también* Katsushika, Hokusai
Orientalism. Véase Said, Edward: *Orientalism*
Orientalism in the Hispanic Literary Tradition. Véase Kushigian, Julia
orientalismo
   y la crítica hispanoamericana, 6–16, 145n2
   definición y ejemplos, 1, 4
   y discurso etnográfico, 25–26, 35–36
   y escapismo, 9, 17–18
   y escritores europeos, 9
   y europeización, 7–9, 16
   y exotismo, 7–11, 18, 137
   y filosofía, 9
   e historia, 22
   y literatura contemporánea, 17, 68, 139–44
   y la moda, 75
   y oposiciones binarias, 19
   y orientalismo europeo, 3, 17, 31
   y poscolonialismo, 10
Ortiz, Fernando, 24, 150n19
otredad
   y autoridad, 39, 42–46
   y colonialismo europeo, 24
   y etnografía, 35
   y exotismo, 9–10
   y fealdad, 97–98
   en relatos de viaje, 24–25, 35, 64
   y traducción, 37

"Paisaje nipón" (Rebolledo), 114–17
París, 28–29
Paz, Octavio, 11, 16–17, 94, 106–07, 154n4, 157n12

y haiku, 140–41
y zen, 114
peregrinación
   y budismo, 108, 131
   y catolicismo, 102
   y estética, 120
   como idea artístico, 28
   en literatura japonesa, 143
   y pintura oriental, 27–28, 121–22
   y poesía japonesa, 28
periquillo sarniento, El (Fernández de Lizardi), 22, 68, 79, 139
pintores japoneses, 43
pintura, como peregrinación, 27–28, 121–22
"poema de Okusai, El" (Tablada), 117
poesía
   y etnografía, 26, 35
   y relato de viaje, 34
porcelana de la China
   en "Fuji-No-Yama" (Rebolledo), 127
   e influencia en México, 75, 78
   en "Kakemono" (Casal), 121
   en "Puebla de los Ángeles" (Tablada), 78
   en "El Rey Burgués" (Darío), 79, 91–93
   y valor de culto, 88
   y valor de exhibición, 90
   en "La Venus china" (Darío), 82–84
   en *Versos sencillos* (Martí), 82
poscolonialismo, 10, 21, 30, 37, 149n15
Pratt, Mary Louise, 3, 23, 28, 150n19, 153n15
"Puebla de los Ángeles" (Tablada), 78
puerta, 124
   puerta sagrada. *Véase* tori; Torii

171

Índice alfabético

rebelión de los Boxers, 66
Rebolledo, Efrén, 1, 4, 13, 23, 153n14
  "Fuji-No-Yama," 126–28
  Nikko, 33, 50–52, 55, 59
  "Paisaje nipón," 114–17
reino interior, 58, 104, 111
"reino interior, El" (Darío), 104
Revista Moderna, 14, 33–34, 41
"Rey Burgués, El" (Darío), 79, 91–92
Rodó, José Enrique, 8
Romaji nikki (Ishikawa), 14, 148n10
romanticismo, 105–06
Rotker, Susana, 11
Ruta de Seda, en México, 73

Said, Edward
  Orientalism, 1, 3, 17, 19, 22, 27, 31, 35, 37, 72
  "The Politics of Knowledge," 31, 138, 143
Saigón, 23, 62–63, 66
Saisselin, Rémy, 93
Salinas, Pedro, 8, 146n3, 146–47n4
Sarduy, Severo, 12–13, 17
Schurz, William, *The Manila Galleon,* 22, 73, 155n5
Sendas de Oku (Basho), 106
Sensaciones del Japón y de la China (Ambrogi), 42, 49, 59–60, 65, 152n8
Serrano, Marcela, *Nuestra Señora de la Soledad,* 141
Shanghai, 66
Sigüenza y Góngora, Carlos, *Infortunios de Alonso Ramírez,* 22, 74, 139
Silva, José Asunción, "Pierre Loti," 10
Singapur, 24, 61, 66
sintoísmo, 46, 49
  y *Hiroshigué* (Tablada), 108–12
  y naturaleza, 113
  y peregrinación, 108–12
  y templos, 57–59, 59

Tablada, José Juan
  y ceremonia de té, 56–57
  y danza japonesa, 55
  "Elogio del buen *haijín*," 77–78, 109–11
  En el país del sol, 33–34, 41–44, 48–56
  y *haiku,* 43–44
  "Japón," 130–33
  y *nao* de la China, 77–78
  "El poema de Okusai," 117
  "Puebla de los Ángeles," 78
  teatro noo, 54–55
  "La Venus china," 82–85
Tanco Armero, Nicolás, *Viaje de la Nueva Granada a China y de China a Francia,* 139
tanka, 44
teatro noo, 54–55
templo
  libro como, 112
  sintoísta, 57–59, 59
Tokio, 24
tokonoma, 118, 124
tori, 114–16, 156n8
Torii, 108, 110–11, 114, 118–19, 124, 156n8
transculturación, definición de, 23–24, 150n19
Turner, Bryan, 20

Uchimura, Kanzo, *How I Became a Christian,* 14
Utamaro (Utamaro Kitawaga), 117

Valera, Juan, 7–8
Van Damme, Wilfried, 71, 96, 98
"Venus china, La" (Tablada), 84–85
Versos sencillos (Martí), 82
viaje, libros de
  y antropología, 25–26, 36
  Asia-América en, 22

Índice alfabético

colonialismo en, 21–23, 38
crítica al colonialismo, 38–42
como descubrimiento de sí, 24, 33–35, 39, 40–41
y discurso etnográfico, 25–26, 35–36, 53, 55
europeos en, 23, 33, 52, 145n5
y literatura oriental, 25, 47–49
y *nao* de la China, 74–76
en *Revista Moderna*, 33
traducción en, 37, 47, 49, 50
"yo" autorial, 36, 40, 53–55

viaje y peregrinación, 26–27
volcán, 124–27

Yegenoglu, Meyda, 30
Yokohama, 24, 48, 66–67

zen, 49, 54
y *haiku*, 54–55
e iluminación interior, 123–26
y *kakemono*, 119
y meditación, 110
y naturaleza, 113–14
y pintura, 113
en teatro noo, 54–55

www.ingramcontent.com/pod-product-compliance
Lightning Source LLC
Chambersburg PA
CBHW032026230426
43671CB00005B/215